westermann

Gerold Kober, Paul Schug

Farbtechnik 2
Arbeitsheft

5. Auflage

Bestellnummer 36624

© 2024 Westermann Berufliche Bildung GmbH, Ettore-Bugatti-Straße 6-14, 51149 Köln
www.westermann.de

Das Werk und seine Teile sind urheberrechtlich geschützt. Jede Nutzung in anderen als den gesetzlich zugelassenen bzw. vertraglich zugestandenen Fällen bedarf der vorherigen schriftlichen Einwilligung des Verlages. Nähere Informationen zur vertraglich gestatteten Anzahl von Kopien finden Sie auf www.schulbuchkopie.de.

Für Verweise (Links) auf Internet-Adressen gilt folgender Haftungshinweis: Trotz sorgfältiger inhaltlicher Kontrolle wird die Haftung für die Inhalte der externen Seiten ausgeschlossen. Für den Inhalt dieser externen Seiten sind ausschließlich deren Betreiber verantwortlich. Sollten Sie daher auf kostenpflichtige, illegale oder anstößige Inhalte treffen, so bedauern wir dies ausdrücklich und bitten Sie, uns umgehend per E-Mail davon in Kenntnis zu setzen, damit beim Nachdruck der Verweis gelöscht wird.

Die Seiten dieses Arbeitshefts bestehen zu 100 % aus Altpapier.

Damit tragen wir dazu bei, dass Wald geschützt wird, Ressourcen geschont werden und der Einsatz von Chemikalien reduziert wird. Die Produktion eines Klassensatzes unserer Arbeitshefte aus reinem Altpapier spart durchschnittlich 12 Kilogramm Holz und 178 Liter Wasser, sie vermeidet 7 Kilogramm Abfall und reduziert den Ausstoß von Kohlendioxid im Vergleich zu einem Klassensatz aus Frischfaserpapier. Unser Recyclingpapier ist nach den Richtlinien des Blauen Engels zertifiziert.

Druck und Bindung: Westermann Druck GmbH, Georg-Westermann-Allee 66, 38104 Braunschweig

ISBN 978-3-427-**36624**-9

Inhaltsverzeichnis

Arbeitsblatt 1 –	Beschichtungsstoffe	5
Arbeitsblatt 2 –	Bestandteile eines Anstrichstoffes	6
Arbeitsblatt 3 –	Einteilung der Bindemittel	7
Arbeitsblatt 4 –	Eigenschaften der Bindemittel	8
Arbeitsblatt 5 –	Wasserverdünnbare Bindemittel	9
Arbeitsblatt 6 –	Natürliche Bindemittel	10
Arbeitsblatt 7 –	Dispersionen	11
Arbeitsblatt 8 –	Lösemittelverdünnbare Bindemittel	12
Arbeitsblatt 9 –	Harzhaltige Bindemittel	13
Arbeitsblatt 10 –	Aufgaben der Löse- und Verdünnungsmittel	14
Arbeitsblatt 11 –	Eigenschaften von Lösemitteln	15
Arbeitsblatt 12 –	Gefahren und Kennzeichnung der Lösemittel	16
Arbeitsblatt 13 –	Farbgebende Stoffe	17
Arbeitsblatt 14 –	Eigenschaften und Verwendung von Pigmenten	18
Arbeitsblatt 15 –	Eigenschaften von Pigmenten	19
Arbeitsblatt 16 –	Eigenschaften von Pigmenten	20
Arbeitsblatt 17 –	Einteilung der wichtigsten Pigmente	21
Arbeitsblatt 18 –	Zusatzstoffe (Additive)	22
Arbeitsblatt 19 –	Kalkfarben	23
Arbeitsblatt 20 –	Silikatfarben	24
Arbeitsblatt 21 –	Herstellung und Trocknung von Dispersionsfarben	25
Arbeitsblatt 22 –	Eigenschaften der Dispersionsfarben	26
Arbeitsblatt 23 –	Außendispersionsfarben	27
Arbeitsblatt 24 –	Kunststoffputze	28
Arbeitsblatt 25 –	Eigenschaften von Dispersionslacken	29
Arbeitsblatt 26 –	Einsatzgebiete von Dispersionslacken	30
Arbeitsblatt 27 –	Siliconharzfarben	31
Arbeitsblatt 28 –	Lacke	32
Arbeitsblatt 29 –	Einteilung der Lacke	33
Arbeitsblatt 30 –	Bautenlacke	34
Arbeitsblatt 31 –	Alkydharzlacke	35
Arbeitsblatt 32 –	Eigenschaften der Alkydharzlacke	36
Arbeitsblatt 33 –	Speziallacke	37
Arbeitsblatt 34 –	Reaktionslacke	38
Arbeitsblatt 35 –	Umweltfreundliche Lacke	39
Arbeitsblatt 36 –	Anstrichaufbau	40
Arbeitsblatt 37 –	Aufgaben und Verwendung von Grundanstrichstoffen	41
Arbeitsblatt 38 –	Eigenschaften der Grundanstrichstoffe	42
Arbeitsblatt 39 –	Spezialwerkstoffe	43
Arbeitsblatt 40 –	Holzschutzmittel	44
Arbeitsblatt 41 –	Holz(schutz)lasuren	45
Arbeitsblatt 42 –	Brandschutzmittel	46
Arbeitsblatt 43 –	Dichtstoffe	47
Arbeitsblatt 44 –	Baugipse	48
Arbeitsblatt 45 –	Spachtelmassen	49
Arbeitsblatt 46 –	Hilfsstoffe	50
Arbeitsblatt 47 –	Tapetenkleister	51
Arbeitsblatt 48 –	Klebebänder	52
Arbeitsblatt 49 –	Abdeckmaterial	53
Arbeitsblatt 50 –	Aufbau und Aufgaben von Schleifmitteln	54
Arbeitsblatt 51 –	Eigenschaften von Schleifmitteln	55
Arbeitsblatt 52 –	Wandbekleidungen	56
Arbeitsblatt 53 –	Tapeten	57
Arbeitsblatt 54 –	Tapetenarten	58
Arbeitsblatt 55 –	Tapetenkennzeichnung	59
Arbeitsblatt 56 –	Prüfrichtlinien für Tapeten	60
Arbeitsblatt 57 –	Tapeziertechnik	61
Arbeitsblatt 58 –	Bodenbeläge	62
Arbeitsblatt 59 –	Untergründe	63
Arbeitsblatt 60 –	Eigenschaften der Untergründe	64
Arbeitsblatt 61 –	Prüfverfahren	65
Arbeitsblatt 62 –	Mineralische Untergründe	66
Arbeitsblatt 63 –	Putze und Mörtelgruppen	67

Arbeitsblatt 64 – Aufgaben der Putze 68

Arbeitsblatt 65 – Putzrisse und ihre Auswirkungen 69

Arbeitsblatt 66 – Mineralische Untergründe: Beton 70

Arbeitsblatt 67 – Betoninstandsetzung 71

Arbeitsblatt 68 – Gipskartonplatten 72

Arbeitsblatt 69 – Trockenbauwände 73

Arbeitsblatt 70 – Verspachtelung 74

Arbeitsblatt 71 – Energetische Sanierung 75

Arbeitsblatt 72 – Wärmedämmung 76

Arbeitsblatt 73 – Wärmedämmverbundsysteme 77

Arbeitsblatt 74 – Metalluntergründe 78

Arbeitsblatt 75 – Korrosion 79

Arbeitsblatt 76 – Entrostung 80

Arbeitsblatt 77 – Korrosionsschutz 81

Arbeitsblatt 78 – Nichteisenmetalle.......... 82

Arbeitsblatt 79 – Holzuntergründe 83

Arbeitsblatt 80 – Holzfeuchtigkeit 84

Arbeitsblatt 81 – Holzwerkstoffe 85

Arbeitsblatt 82 – Holzvorbehandlung 87

Arbeitsblatt 83 – Beschichtungssysteme auf Holz 88

Arbeitsblatt 84 – Kunststoffuntergründe 89

Arbeitsblatt 85 – Kunststoffarten............ 90

Arbeitsblatt 86 – Kunststoffbeschichtungen ... 91

Arbeitsblatt 87 – Kunststoffbeschichtungen II .. 92

Testaufgaben 93

Arbeitsblatt 1

Name	Datum	Klasse

Beschichtungsstoffe zu S. 13 und 14

> **Beschichtungsstoff** ist der Oberbegriff für flüssige bis pastenförmige oder auch pulverförmige Stoffe.

1. In welche drei Gruppen lassen sich Beschichtungsstoffe unterteilen?

    Beschichtungsstoffe
    - _____
    - _____
    - _____

2. Erklären Sie den Begriff „Anstrichstoff".
    _____
    _____

> **Anstrichstoffe werden überwiegend nach ihrer Bindemittelart benannt.**

3. Nennen Sie Beispiele zur **Einteilung der Anstrichstoffe**.

Anstrichstoff/Lack	Beispiele
wasserverdünnbar	
lösemittelverdünnbar	
Lage im Beschichtungssystem	
Anwendungsbereich oder Bauteil	
Eigenschaften	

4. Nennen Sie **Beispiele** für umweltschonende Anstrichstoffe (Werkstoffe).

Lösemittelfrei	Lösemittelarm
–	–
–	–
–	–
–	–
	–

© Westermann Gruppe

Arbeitsblatt 2

Name	Datum	Klasse

Bestandteile eines Anstrichstoffes zu S. 15 – 17

1. Nennen Sie die vier **Hauptbestandteile eines Anstrichstoffes**.

2. Ergänzen Sie folgenden Merksatz.

> Jeder Anstrichstoff muss ein _____ enthalten.

3. Schreiben Sie die **Beispiele** und **Eigenschaften** der aufgeführten Anstrichstoffe in folgendes Schema.

Anstrichstoff	Beispiele	Eigenschaften
ohne Pigmente		
wenig Pigmente		
viele Pigmente		
wenig Bindemittel		
viel Bindemittel		
ohne Lösemittel		
wenig Lösemittel		

4. Aus welchen Bestandteilen setzt sich der **Festkörpergehalt** eines Anstrichstoffes zusammen?
   _____

5. Schreiben Sie in die freie Spalte, welche **Eigenschaften** Anstrichstoffe durch die Zugabe der vier Bestandteile bekommen.

Bestandteile	Aufgaben	Eigenschaften
Bindemittel	– **verankern** den Anstrichstoff auf dem Untergrund (Adhäsion) – **verkleben** die Pigmente miteinander (Kohäsion)	
Lösemittel	– **lösen** das feste Bindemittel – **verdünnen** den Anstrichstoff	
Farbmittel (Pigmente)	– geben dem Anstrichstoff die **Farbe**, Deckkraft und Fülle – **erhöhen die Haltbarkeit** der Anstriche	
Zusatzstoffe (Additive)	– sollen bestimmte **Eigenschaften** der Anstrichstoffe **verbessern** oder **verhindern**	

Arbeitsblatt 3

| Name | Datum | Klasse |

Einteilung der Bindemittel   zu S. 18 – 21

Bindemittel

> Das Bindemittel ist der wichtigste Bestandteil eines Anstrichstoffes: Es bestimmt hauptsächlich die Eigenschaften der Anstrichstoffe und Anstriche.

1. Nach welchen **Gesichtspunkten** können die Bindemittel eingeteilt werden?

   - _____
   - _____
   - _____
   - _____

2. Ergänzen Sie das Schema zur **Einteilung der Bindemittel**.

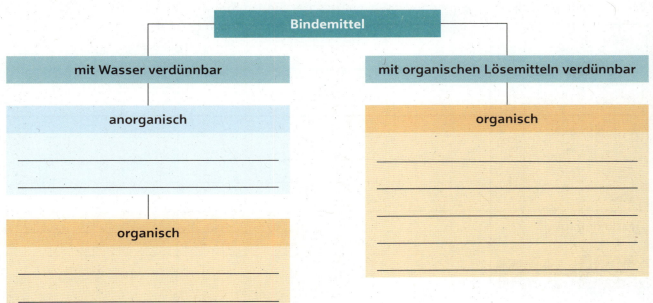

3. Beschreiben Sie die drei **Aufgaben der Bindemittel**.

Untergrundverankerung (Adhäsion = Haftung)	_____
Pigmentverklebung (Kohäsion = Bindung)	_____
Untergrundschutz durch Härte, Elastizität und Beständigkeit	_____

© Westermann Gruppe

Arbeitsblatt 4

| Name | Datum | Klasse |

Eigenschaften der Bindemittel zu S. 18 – 21

1. Welche **Merkmale** hat ein bindemittelreicher bzw. -armer Anstrichstoff?

Bindemittelanteil	Merkmale
hoch = (bindemittelreich)	– –
gering = (bindemittelarm)	– – –

> Eine ausreichende Einbettung des Pigments im Bindemittel ergibt einen glatten, schützenden Anstrichfilm. Eine mangelnde Einbettung des Pigments im Bindemittel ergibt einen porösen, zum Kreiden neigenden Anstrichfilm.

2. Beschreiben Sie die hier genannten **Eigenschaften der Bindemittel**.

Lösbarkeit	
Verdünnbarkeit	
Trockenfähigkeit	
Überstreichbarkeit	
Lichtbeständigkeit	
Wetterbeständigkeit	

Bildnachweis: Jouve Germany GmbH & Co. KG

Arbeitsblatt 5

| Name | Datum | Klasse |

Wasserverdünnbare Bindemittel zu S. 20 – 22

1. Warum werden immer mehr **wasserverdünnbare Bindemittel** angeboten?

   _____

2. Nennen Sie die **mineralischen Bindemittel** und beschreiben Sie deren **Eigenschaften** in Stichpunkten.

Name/Sorte	Eigenschaften	Verwendung
Kalk – Luftkalke – Hydraulische Kalke	– – –	**Bindemittel und Pigment** für atmungsaktive, wasser- und wetterbeständige Anstriche in Kellern, Waschküchen, Lagerhallen, Vorratsräumen und Viehställen sowie als Putzbindemittel
Zement graue und weiße Portlandzemente	– – –	als **Mörtelbindemittel** für Zementputze, als **Bindemittel und Pigmente** (weißer Zement) für weiße und helle Innen- und Außenanstriche
Wasserglas Kaliwasserglas = Kalisilikat	– – – –	**Bindemittel** für wasser- und wetterbeständige Anstrichstoffe (Reinsilikatfarben und Dispersionssilikatfarben), auf mineralischen Untergründen auch als Bindemittel für Silikatputze

3. Nennen Sie wichtige **organische, wässrige** (wasserverdünnbare) **Bindemittel**.

   _____

4. Aus welchen Rohstoffen werden **pflanzliche Leime** hergestellt?

   _____

5. Beschreiben Sie die **Eigenschaften** und die **Verwendung** von Zelluloseleim.

Name/Sorte	Eigenschaften	Verwendung
Zelluloseleim (Zellulosekleister)	– – – –	– – –

© Westermann Gruppe

Arbeitsblatt 6

| Name | Datum | Klasse |

Natürliche Bindemittel zu S. 23 – 26

> Natürliche, wasserverdünnbare Bindemittel gehören zu den Filmbildnern, die aus Naturstoffen hergestellt werden. Sie sind nachhaltig, haben eine biologisch unbedenkliche Zusammensetzung, sind lösemittelfrei, ohne Geruch und biologisch abbaubar.

1. Welche weiteren **Vorteile** haben natürliche Bindemittel?

   _____
   _____

2. Beschreiben Sie das natürliche Bindemittel „**Kasein**".

   _____
   _____
   _____
   _____

3. Ordnen Sie den beiden **Dispersionsarten** die richtige Beschreibung durch Linien zu.

Kunststoffdispersionen	Diese festen Bindemittelteilchen werden aus Mais- und Weizenresten oder Kartoffelstärke gewonnen und sind biologisch abbaubar.
Naturstoffdispersionen	Synthetische Acrylate sind feste Kunststoffteilchen, die aus Erdöl hergestellt werden und somit nicht biologisch abbaubar sind.

4. Beschreiben Sie den Begriff „**Naturfarben**".

   _____
   _____

5. Kreuzen Sie die **natürlichen, wässrigen Bindemittel** an, die biologisch abbaubar sind.

	Kalk-, Zement- und Lehm
	Naturstoffdispersion
	Zelluloseleim
	Kunststoffdispersion
	Kaliwasserglas
	Kaseinleim

Arbeitsblatt 7

| Name | Datum | Klasse |

Dispersionen   zu S. 22 – 24

> Eine Dispersion ist ein stabiles Gemisch, bei dem ein Stoff in einem anderen fein verteilt (= dispergiert) ist.

1. Wie lassen sich **Kunststoffdispersionen** beschreiben?

   _____
   _____
   _____

2. Ergänzen Sie das Schema über die **Einteilung von Dispersionen** und beschreiben Sie die Beispiele.

   Dispersionen

_____	_____
Mischung von zwei Flüssigkeiten	Fester Stoff in einer Flüssigkeit
zwei an sich unverträgliche Flüssigkeiten, wie z. B. Öl in Wasser	Kunststoffteilchen (Pulver) in einer wässrigen Lösung fein verteilt

   Beispiele

   _____   _____
   _____   _____
   _____   _____

3. Beschreiben Sie die **Trocknung von Kunststoffdispersionen**.

   _____
   _____
   _____

4. Benennen Sie die verschiedenen **Dispersionsbindemittel** und beschreiben Sie ihre **Verwendung**.

Arten	Eigenschaften	Verwendung
_____ _____ _____ _____ _____	Verarbeitbar bis 5 °C, weil tiefe Temperaturen die Filmbildung verhindern. Trockene KD-Beschichtungen sind wasserunlöslich (irreversibel).	_____ _____ _____ _____ _____

© Westermann Gruppe

Arbeitsblatt 8

Name	Datum	Klasse

Lösemittelverdünnbare Bindemittel   zu S. 24 – 25

> **Lösemittelverdünnbare Bindemittel sind organische Stoffe, die mit organischen Lösemitteln gelöst bzw. verdünnt werden.**

1. Nennen Sie **Beispiele** für lösemittelverdünnbare Bindemittel.

Bindemittel	Beispiele
Öle	
Naturharze	
Kunstharze	
abgewandelte Naturprodukte	
Kunststoffe	
Bitumen	

> **Öle und Naturharze wurden als Bindemittel weitgehend von den künstlichen Bindemitteln (Kunstharzen) verdrängt.**

2. Beschreiben Sie die **Eigenschaften** und die **Verwendung** von Leinöl, Leinölfirnis und Leinöl-Standöl.

Öle	Eigenschaften	Verwendung
Leinöl		
Leinöl-firnis	schnellere Trocknung	
Leinöl-Standöl		

Arbeitsblatt 9

| Name | Datum | Klasse |

Harzhaltige Bindemittel

zu S. 25

> Als Lackbindemittel werden heute meist Kunstharze und auch abgewandelte, veredelte Naturprodukte verwendet.

1. Wie werden **Kunstharze** nach ihrer chemischen Herstellung unterteilt?

Kunstharze	Beispiele
_____	Polyvinylchlorid (PVC), Polyvinylacetat (PVAC)
_____	Alkydharz, Phenolharz, Harnstoff- und Melaminharz, Polyester
_____	Polyurethanharz, Epoxidharz

2. Wie gewinnt man **abgewandelte Naturprodukte**?

   _____
   _____
   _____
   _____

3. Beschreiben Sie die **Eigenschaften** und die **Verwendung** der abgewandelten Naturprodukte.

Abgewandelte Naturprodukte	Eigenschaften	Verwendung
Zellulose Nitrozellulose	– trocknen schnell – feuergefährlich – reversibel	_____ _____ _____ _____
Bitumen Asphalt, Teer, Pech	_____ _____ _____ _____	Bindemittel für Bitumen-, Teer- und Pechanstrichstoffe (Schwarzlacke), Testbenzin ist ein Löse- und Verdünnungsmittel
Kautschuk Chlorkautschuk	– gut chemikalien- und wasserbeständig – elastisch und sehr wetterbeständig	_____ _____ _____ _____

Arbeitsblatt 10

Name	Datum	Klasse

Aufgaben der Löse- und Verdünnungsmittel zu S. 29 – 30

1. Was versteht man unter dem Begriff „Lösemittel"?

   _____
   _____

2. Nennen Sie die **Aufgaben der Löse- bzw. Verdünnungsmittel**.

Das Bindemittel bestimmt das geeignete Lösemittel.

3. Welche Auswirkungen haben folgende **Fehler beim Verdünnen**?

Fehler	Auswirkungen
zu starke Verdünnung	– _____ – _____ – _____ – _____ – _____
ungenügende Verdünnung	– _____ – _____ – _____
ungeeignetes Verdünnungsmittel	– _____ – _____ _____ _____

4. Warum ist die **Nassschichtdicke** immer stärker als die **Trockenschichtdicke**?

   _____
   _____
   _____

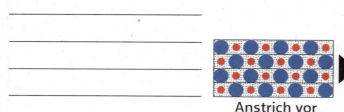
Anstrich vor
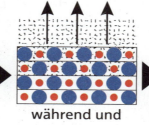
während und

nach der Trocknung

Arbeitsblatt 11

Name	Datum	Klasse

Eigenschaften von Lösemitteln   zu S. 31 – 32

> **Wasser gehört nicht zu den organischen Lösemitteln und wird zum Verdünnen von wässrigen Beschichtungsstoffen verwendet.**

1. Nennen Sie die positiven Eigenschaften des **Verdünnungsmittels „Wasser"**.
   _____
   _____

> **Verdünnungsmittel sind häufig Lösemittelgemische, d. h., sie bestehen aus verschiedenen Lösemittelarten.**

2. Für welche Beschichtungsstoffe sind folgende **Lösemittelgemische** geeignet?

Lösemittelgemische	Verdünnen von:
Kunstharzverdünnung Testbenzin, Aromate wie Xylol und Toluol u. a.	
Nitroverdünnung Estern, Aromate, Ketone und Alkohole	
Universalverdünnung besteht aus sehr vielen unterschiedlichen Lösemitteln	
Spezialverdünnungen Lösemittelgemische, die für ganz spezielle Anstrichstoffe verwendet werden	

3. Welche **Eigenschaften** sind für die Verarbeitung von Lösemitteln wichtig?
   _____

4. Erklären Sie den Begriff „**Verdunstungsgeschwindigkeit**".
   _____
   _____

5. Nennen Sie drei **Bereiche** und die **Auswirkungen**, nach denen die Lösemittel aufgrund ihrer Verdunstungszahl angegeben werden.

Lösemittelbereiche	Verdunstungszahl	Auswirkungen
	unter 10	
	10 bis 35	
	über 35	

© Westermann Gruppe

Arbeitsblatt 12

| Name | Datum | Klasse |

Gefahren und Kennzeichnung der Lösemittel zu S. 32 – 34

1. Erklären Sie den Begriff „Flammpunkt".

   _____

   _____

2. Schreiben Sie den **Flammpunkt** und die Bezeichnung zu den **Gefahrenklassen**.

Gefahrenklasse	Flammpunkt	Bezeichnung nach GHS	Gefahrenpiktogramme nach GHS
A I			GHS 02
A II			keine
A III			keine
B			GHS 02

Bildnachweis: BC GmbH Verlags- und Medien-, Forschungs- und Beratungsgesellschaft

3. Zu welchen **Gesundheitsschäden** führt unvorsichtiger Umgang mit Löse- bzw. Verdünnungsmitteln?

   _____

   _____

   _____

4. Welche fünf Angaben muss die **Kennzeichnung von Lösemitteln** enthalten?

   - _____
   - _____
   - _____
   - _____
   - _____

Verdünnung

Entzündbare Stoffe | Gesundheitsgefahr

Enthält: Methanol, Toluol, Butanol

Hinweise auf besondere Gefahren: Sehr giftig beim Verschlucken. Gesundheitsschädlich beim Einatmen, Verschlucken und bei Berührung mit der Haut. Reizt die Augen, Atmungsorgane und die Haut. Leicht entzündlich

(Name und Anschrift des Herstellers, Einführers oder Vertreibers)

Bildnachweis: BC GmbH Verlags- und Medien-, Forschungs- und Beratungsgesellschaft

5. Was sagt der „MAK-Wert" aus?

   _____

   _____

6. Wie gelangen schädliche Lösemittel in den menschlichen Körper?

   - _____

Arbeitsblatt 13

Name	Datum	Klasse

Farbgebende Stoffe zu S. 37

1. Wie werden **Farbmittel nach DIN 55943** eingeteilt?
   _____

2. Erklären Sie die Begriffe in der folgenden Tabelle:

Begriffe	Erklärungen
Pigmente	
Farbstoffe	
Füllstoffe (Exenter)	
Abtönfarben (Abtönpasten)	

3. Welche Pigmente erfüllen am besten die **Anforderungen** an einen Anstrichstoff in Bezug auf Füllvermögen und Deckkraft?
   _____

4. Erklären Sie den Begriff „**Pigmente**".
   _____
   _____
   _____
   _____

5. Beschreiben Sie die **Aufgaben der Pigmente**.
   – _____
   – _____
   – _____
   – _____

Jouve Germany GmbH & Co. KG

© Westermann Gruppe

Arbeitsblatt 14

Name | Datum | Klasse

Eigenschaften und Verwendung von Pigmenten   zu S. 38 – 39

1. Wie lassen sich aus löslichen Farbstoffen unlösliche Pigmente (**Farblacke**) herstellen?

   _____ + _____ = _____

2. **Ergänzen Sie die folgende Tabelle** über die Eigenschaften und die Verwendung von Pigmenten, Füllstoffen und Farbstoffen.

Pigmente	Füllstoffe	Farbstoffe
– _____ – _____ – _____ – _____	– unlöslich – wenig deckend – minderwertige, billige, meist weiße Pigmente	– _____ – _____ – _____ – _____
– in Lackfarben, Kalkfarben, Silikatfarben, Dispersionsfarben und Lasuren	– _____	– in Lasuren und Beizen – zum Färben von Textilien, Kunststoff, Papier, Leder u. a.

3. Beschreiben Sie den **Versuch mit Pigmenten und Farbstoffen** in Wasser, indem Sie das folgende Schema ergänzen.

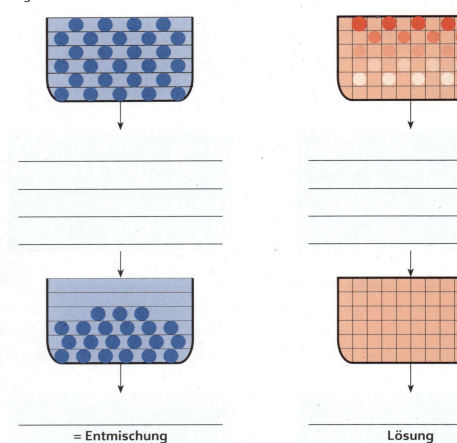

= Entmischung (Sedimentation)   Lösung = nicht entmischbar

Arbeitsblatt 15

Name	Datum	Klasse

Eigenschaften von Pigmenten zu S. 39 – 40

1. Nennen Sie den **Pigmentanteil** zu den drei Anstricharten.

Deckender Anstrich	Lasierender Anstrich	Farbloser Anstrich
_____	_____	_____

2. Von welchen Faktoren ist das **Deckvermögen eines Anstrichstoffes** abhängig?

   - _____
   - _____
   - _____
   - _____
   - _____

3. Ergänzen Sie folgenden Merksatz.

   > **Das Deckvermögen eines Anstrichstoffes ist umso besser, je mehr sich die Lichtbrechungswerte von _____ unterscheiden.**

4. Beschreiben Sie anhand der Zeichnungen die **Eigenschaften der Pigmente**.

Bildnachweis: Jouve Germany GmbH & Co. KG

© Westermann Gruppe

Arbeitsblatt 16

Name	Datum	Klasse

Eigenschaften von Pigmenten zu S. 41 – 42

1. Was ist die **Pigment-Volumen-Konzentration** (PVK)?
   _____
   _____

2. Beschreiben Sie aktive und passive Pigmente.

Aktive Pigmente	_____
Passive Pigmente	_____

3. Nennen Sie fünf wichtige **aktive Pigmente**.
   _____
   _____

4. Was ist die „passivierende Wirkung von Rostschutzpigmenten"?
   _____
   _____

5. Welche **Pigmente** eignen sich besonders gut für **Rostschutzdeckanstriche**?
   _____
   _____

Bildnachweis: Jouve Germany GmbH & Co. KG

> **Anstelle von giftigen Blei- und Zinkpigmenten werden heute als umweltfreundlicher Ersatz Zinkphosphat und Zinkstaubfarben verwendet.**

6. Benennen Sie die **Vorteile** von **schuppenförmigen Pigmenten**.
   _____
   _____
   _____

Arbeitsblatt 17

| Name | Datum | Klasse |

Einteilung der wichtigsten Pigmente zu S. 43 – 45

1. **Ergänzen** Sie das Schema.

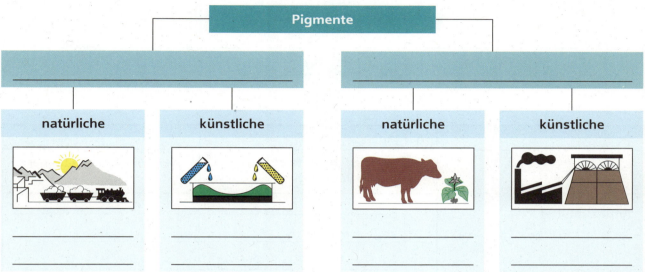

2. **Ordnen Sie** folgenden Pigmente den Gruppen in der Tabelle **zu**.

   Kreide, Titandioxid, Sepia, Kalkgelb, Lithopone, Umbra, Samtgrün, Krapplack, Terra di Siena, Eisenoxidgrün, Bleimennige, Kassler Braun, Signalrot, Zinnoberrot, Zinkstaub, Ruß

Erdpigmente	Mineralpigmente	Tier- und Pflanzenpigmente	Teerpigmente

3. **Erklären** Sie den **Unterschied** zwischen Metallpigmenten und Metalleffektpigmenten.

   _____
   _____
   _____

4. **Nennen** Sie vier wichtige **Schutzmaßnahmen** beim Umgang mit giftigen Pigmenten.

   • _____
   • _____
   • _____
   • _____

Arbeitsblatt 18

Name	Datum	Klasse

Zusatzstoffe (Additive) zu S. 48 – 49

1. Erklären Sie den Begriff „Additive".

   _____
   _____
   _____

2. Ergänzen Sie die Tabelle mit den passenden **Additiven** bzw. **Aufgaben**.

Additive	Aufgaben
_____	machen die Pigmente benetzbar, d. h., sie erleichtern die Dispergierung im Bindemittel
Antihautmittel	_____
_____	vermindern die unerwünschte Schaumbildung, z. B. bei der Verarbeitung von Dispersionsfarben
_____	verhindern das Absetzen der Pigmente im Bindemittel und das Entmischen von bestimmten Anstrichstoffen
Verdickungsmittel (Thixotropiemittel)	_____
_____	verbessern den Ablauf beim Auftragen des Anstrichstoffes und verhindern Oberflächenstörungen wie Pinselstruktur, Orangenschaleneffekt und Blasen
Trockenstoffe (Sikkative)	_____
_____	werden bei der Lackherstellung zugegeben; sie beeinflussen die Oberfläche der Anstriche und lassen sie matt auftrocknen
Konservierungsmittel	_____
_____ **(Bakterizide, Fungizide und Insektizide)**	reduzieren oder verhindern das Wachstum von Mikroorganismen Bakterizide schützen organische Stoffe vor Bakterienbefall. Fungizide und Insektizide verhindern die Zerstörung des Holzes durch Pilze und Insekten
UV-Schutzmittel (UV-Absorber)	_____
_____	werden Bindemitteln und Kunststoffen bei der Herstellung beigesetzt, um deren physikalischen Eigenschaften zu verbessern, z. B. Haftung und Elastizität. Außerdem ermöglichen Weichmacher die Filmbildung von Dispersionsfarben bei niedrigen Temperaturen

Kalkfarben — Arbeitsblatt 19 — zu S. 51 – 52

1. Die Abbildung zeigt den **Kreislauf des Kalkes**. Ergänzen Sie die Darstellung.

   Aushärtung zum Kalkstein = _____

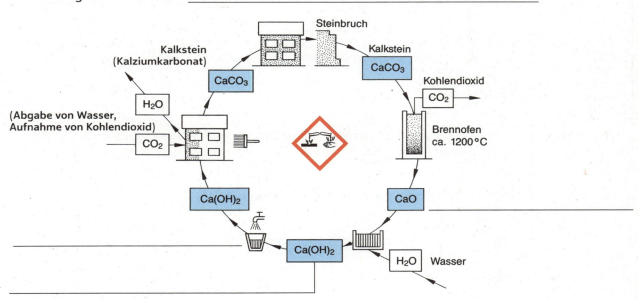

2. Erklären Sie den Begriff „**Karbonatisierung**".
   _____
   _____

3. Für welche **Einsatzgebiete** wird Kalk verwendet?
   _____
   _____

4. Beschreiben Sie die **Verwendung von Kalkinnenfarben**.
   - _____
   - _____
   - _____
   - _____
   - _____

5. Ergänzen Sie folgenden **Merksatz**.

   Kalkfarben sind _____ Stoffe (starke Laugen). Deshalb muss man
   _____ und _____ vor Spritzern schützen.

Arbeitsblatt 20

| Name | Datum | Klasse |

Silikatfarben zu S. 52 – 55

1. Nennen Sie die beiden **Arten von Silikatfarben**. Wodurch unterscheiden sie sich?

_____ (Zweikomponenten- material)	_____ Das Bindemittel (Kaliwasserglas) und Pigmente werden erst kurz vor der Verarbeitung von den Maler/-innen selbst zusammengemischt.
_____ (Einkomponenten- material)	_____ Um die Mischung aus Bindemittellösung und Pigmenten stabil zu halten, werden vom Hersteller bis zu 5 % Kunststoffdispersion zugesetzt.

2. Aus welchen **Bestandteilen** werden **Reinsilikatfarben** angemischt?

   _____ + _____ = streichfertige Reinsilikatfarbe

3. Beschreiben Sie die **Trocknung von Silikatfarben**.

   _____
   _____
   _____

4. Nennen Sie die **Eigenschaften der Silikatfarben**.

   _____
   _____
   _____
   _____
   _____

Bildnachweis: BC GmbH Verlags- und Medien-, Forschungs- und Beratungsgesellschaft

5. Ergänzen Sie folgenden **Merksatz**.

   Silikatfarben sind _____ Stoffe (starke Laugen). Deshalb muss man _____ und _____ vor Farbspritzern schützen.

6. Wofür werden **Silikatfarben** verwendet?

   • _____
   • _____
   • _____

Arbeitsblatt 21

| Name | Datum | Klasse |

Herstellung und Trocknung von Dispersionsfarben zu S. 58 – 59

1. Für welche Beschichtungsstoffe wird eine **Kunststoffdispersion** als Bindemittel verwendet?
   _____
   _____

2. Beschreiben Sie die **Dispersionsfarben** und ihre Eigenschaften.
   _____
   _____
   _____

3. Erklären Sie die **Zusammensetzung** der Dispersionsfarben.
   _____
   _____
   _____
   _____

4. Wie nennt man die **Trocknung von Dispersionsfarben**?
   _____

Bildnachweis: Jouve Germany GmbH & Co. KG

5. Beschreiben Sie den gesamten **Trocknungsvorgang** nach folgenden Angaben:

Nach dem Auftragen	Während der Trocknung	Nach dem Trocknen
_____	_____	_____
_____	_____	_____
_____	_____	_____
_____	_____	_____

6. Ergänzen Sie folgenden **Merksatz**.

   Je _____ der Bindemittelanteil, desto höher ist die _____.

   Dispersionsfarben gibt es als Innenfarben (_____) und

   Außenfarben (_____) im Handel.

© Westermann Gruppe

25

Arbeitsblatt 22

Name	Datum	Klasse

Eigenschaften der Dispersionsfarben zu S. 59 – 61

1. Welche **Qualitätsstufen** haben Dispersionsfarben **nach DIN EN 13 300**?
   _____

2. Ergänzen Sie folgenden **Merksatz**.

   > Malerbetriebe verwenden im Innenbereich nur die Nassabrieb Klassen von _____
   >
   > weil dadurch die Qualität für Innen-Dispersionsanstriche gewährleistet werden kann.

3. Beschreiben Sie die **Verwendung** der beiden Innendispersionsfarben.

Nassabrieb Klasse 3 (waschbeständige) Dispersionsfarben	– _____ – _____
Nassabrieb Klasse 1+2 (scheuerbeständige) Dispersionsfarben	– _____ – _____ – _____

4. Beschreiben Sie die **Vorteile** von „ELF-Innendispersionsfarben"
   _____
   _____

5. Kreuzen sie die richtigen Aussagen über „**Bio-Dispersionsfarben**" an.

☐	Es sind ELF Dispersionsfarben mit Acrylat-Bindemittel und weniger Lösemittel
☐	Es sind Naturstoffdispersion mit Bindemittel aus Kartoffelstärke, Mais- und Weizenresten
☐	Sie bestehen aus nachwachsenden Rohstoffen und sind biologische abbaubar
☐	Sie besitzen Weichmacher und Konservierungsstoffe
☐	Sie sind ohne Lösemittel, Weichmacher und Konservierungsstoffe und deshalb auch geruchsneutral
☐	Sie besitzen auch die DIN EN 13 000 und sind auch Qualitätsfarben

| Name | Datum | Klasse |

Außendispersionsfarben zu S. 60 – 62

1. Für welche Beschichtungsstoffe gilt die DIN 1062-1?
   _____
   _____

2. Schreiben Sie die sechs **Kriterien** der **DIN EN 1062-1** auf.
   _____
   _____
   _____

3. Beschreiben Sie die **Eigenschaften** der beiden **Außendispersionsfarben**.
   _____
   _____
   _____
   _____
   _____
   _____

4. Was bedeutet der „**Lotuseffekt**" bei Dispersionsfarben?
   _____
   _____
   _____
   _____

5. Kreuzen Sie die richtigen **allgemeinen Aussagen** über **Dispersionsfarben** an.

	Sie sind umweltfreundlich, weil sie wasserverdünnbar sind und wenig bis keine organische Lösemittel enthalten
	Sie werden im Streich-, Roll- oder Spritzverfahren (Airlessverfahren) aufgetragen und sind leicht verarbeitbar
	Sie benötigen in jedem Fall einen Grundanstrich mit Tiefgrund.
	Werkzeuge und Geräte müssen sofort nach Gebrauch gereinigt werden, da die irreversible Farbe sofort antrocknet

6. Nennen Sie weitere **spezielle Dispersionsbeschichtungsstoffe**.
   _____
   _____
   _____
   _____

Arbeitsblatt 23

Arbeitsblatt 24

Name	Datum	Klasse

Kunststoffputze zu S. 62 – 64

> Kunststoffputze sind fabrikmäßig hergestellte Beschichtungsstoffe, die verarbeitungsfertig geliefert werden.

1. Welche zwei **Putztypen** unterscheidet man **bei Kunststoffputzen**?
   _____
   _____

2. Nennen Sie die **Bestandteile**, aus denen Kunststoffputze zusammengesetzt sind.

Kunststoffputze (Kunstharzputze)	– _____ – _____ – _____ – _____

3. Welche **Zuschlagstoffe** werden für Kunststoffputze verwendet?
   _____
   _____

4. Benennen und beschreiben Sie anhand der abgebildeten **Putzstrukturen** die vier verschiedenen Kunststoffputze.

   Bildnachweis: Kober, Gerold

5. Was ist bei der **Verarbeitung von Kunststoffputzen** zu beachten?
   _____
   _____
   _____
   _____

> Vor einer Beschichtung mit Kunststoffputz ist immer ein deckender Voranstrich aufzubringen.

Arbeitsblatt 25

| Name | Datum | Klasse |

Eigenschaften von Dispersionslacken   zu S. 64 – 66

> Dispersionslacke sind wasserverdünnbare und umweltfreundliche Anstrichstoffe, die einen lackähnlichen Anstrichfilm ergeben.

1. Welche **Bindemittel** werden **für Dispersionslacke** verwendet?
   - _____
   - _____

2. Schreiben Sie die **Bestandteile** und Prozentangaben ins richtige Feld.

3. Warum benötigen Dispersionslacke einen höheren **Lösemittelanteil** als Dispersionsfarben?
   _____
   _____

4. Warum erhalten Dispersionslacke den **Blauen Umweltengel**?
   _____
   _____
   _____

   Bildnachweis: RAL gGmbH

5. Markieren Sie besonders wichtige **Eigenschaften der Dispersionslacke**. Welche Vor- und Nachteile haben sie?

Eigenschaften	wasserdampfdurchlässig (atmungsaktiv), wasserfest, enthalten nur bis 10 % organische Lösemittel, geruchsarm, elastisch, nicht vergilbend, säure- und laugenbeständig, sehr gutes Haftverhalten auf fast allen Untergründen, Dispersionslacke haben ähnliche Eigenschaften wie Dispersionsfarben
Vorteile	
Nachteile	

© Westermann Gruppe

Arbeitsblatt 26

Name	Datum	Klasse

Einsatzgebiete von Dispersionslacken zu S. 65 – 66

1. Schreiben Sie die **Einsatzgebiete** bzw. die **Anstrichsystem** in die Tabelle.

Dispersionslacke	_____
_____	besonders diffusionsfähig und blockfest
Heizkörperlacke	_____
_____	gut füllend und gut schleifbar
Holzgrund	_____
_____	Universalgrund mit großem Haftvermögen
Holzschutzlasur	_____

2. Welche **Auftragsverfahren** eignen sich für die Applikation von Dispersionslacken?

   _____
   _____
   _____
   _____

3. Kreuzen Sie die richtigen **Aussagen** über die Verarbeitung von Dispersionslacken an.

	Sie können mit allen Streich-, und Rollwerkzeugen verarbeitet werden.
	Sie sollen nicht mit natürlichen Borsten (Schweineborsten) und natürlichen Rollerbezügen (Lammfell oder Mohair) verarbeitet werden.
	Sie sollen nicht aus den Originalgebinden verarbeitet werden. Sie sind besser zur Verarbeitung in Extragefäßen oder Lackwannen umzufüllen.
	Im Streich- und Rollverfahren lassen sich größere Flächen in einem Arbeitsgang beschichten.
	Türblätter oder größere Flächen werden in kleinere Flächen oder Bahnen unterteilt, nacheinander fertig beschichtet und die Übergänge verschlichten.
	Beim Spritzauftrag ist bevorzugt das Hochdruckverfahren einzusetzen. Niederdruck- und Airless-Spritzen sind nicht geeignet

4. Was ist beim **Reinigen** der Auftragswerkzeuge und Spritzgeräte zu beachten?

   _____
   _____
   _____
   _____

Arbeitsblatt 27

| Name | Datum | Klasse |

Siliconharzfarben zu S. 67 – 68

> Siliconharzfarben und -putze sind Qualitätsbeschichtungsstoffe. Sie sind ein zeitgemäßer Fassadenschutz mit hervorragenden Eigenschaften.

1. Benennen und beschreiben Sie das **Bindemittel von Siliconharzfarben**.

   _____

   _____

2. Schreiben Sie die **Bestandteile der Siliconharzfarbe** in die folgende Schemazeichnung.

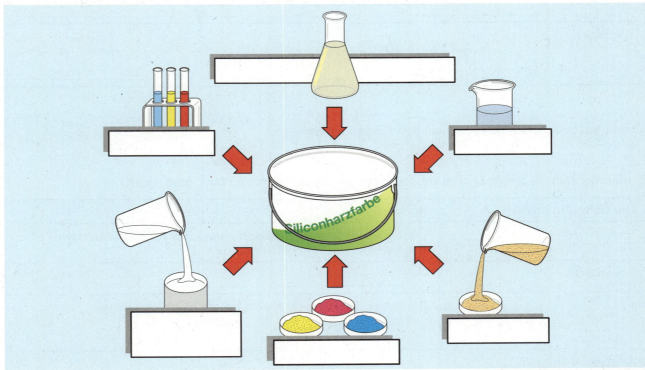

Bildnachweis: Jouve Germany GmbH & Co. KG

3. Welche **Vorteile** haben Siliconharzfarben?

   _____

   _____

4. Markieren Sie die wichtigsten **Eigenschaften** und beschreiben Sie die **Verwendung von Siliconharzfarben**.

Eigenschaften	besonders wasserabweisend (hydrophob), wetterbeständig, sehr gas- und wasserdampfdurchlässig (diffusionsfähig), beständig gegen aggressive Luftschadstoffe, schnell trocknend, leicht überstreich- und verarbeitbar, nicht filmbildend, moos-, algen- und pilzwidrig (fungizid)
Verwendung	

© Westermann Gruppe

31

Arbeitsblatt 28

Name	Datum	Klasse

Lacke zu S. 72 – 73

1. Beschreiben Sie, welche Art von Anstrichstoff **Lacke** sind.

   _____
   _____
   _____

2. Erklären Sie die Begriffe „**Lack** und **Klarlack**" nach der **DIN EN 971-1**.

Lack	_____
Klarlack	_____

> Lacke lassen sich nach verschiedenen Gesichtspunkten einteilen.

3. Beschreiben Sie die **Bezeichnung der Lacke** nach den Beispielen bzw. umgekehrt.

Bezeichnung nach	Beispiele
_____	Öllack, Alkydharzlack, Epoxidharzlack, Polyurethanharzlack, Polyesterharzlack, Acrylharzlack u. a.
Lösemittel	_____
_____	Spritzlack, Streichlack, Flutlack, Tauchlack, Sprühlack
Anstrichaufbau	_____
_____	Reaktionslack, Einbrennlack, lufttrocknender Lack (Luftlack), säurehärtender Lack
Oberflächeneffekt/ Glanzgrad	_____
_____	Fensterlack, Heizkörperlack, Möbellack, Autolack, Bootslack, Parkettlack
Lackmerkmale	_____
_____	Bautenlack, Industrielack, Heimwerkerlack, Malerlack, Speziallack

> Die Einteilung der Lacke nach dem Bindemittel gibt Auskunft über Qualität, Eigenschaften und den Einsatzbereich der Lacke.

Arbeitsblatt 29

| Name | Datum | Klasse |

Einteilung der Lacke zu S. 74

1. Ergänzen Sie die **Tabelle**.

Rohstoff (Bindemittel)	ölhaltige Lacke	ölfreie Lacke	Kunstharz- und Kunststofflacke
Beispiele			
Trocknung			
weitere Eigenschaften		trocknen schnell schlecht verarbeitbar Spiritus- u. Nitrolack = spröde und wenig wetterfest Chlorkautschuklack = elastisch, wetter- und wasserfest	gute Haftung gute Elastizität Filme besitzen Härte und Widerstandsfähigkeit gut verarbeitbar chemikalienbeständig trocknen schnell

2. In welche **drei Gruppen** lassen sich Lacke nach Einsatz und Verarbeitung einteilen?

   _____

3. Beschreiben Sie die **Verwendung** der folgenden Lackarten.

Bautenlacke (Malerlacke) z.B. Alkydharzlacke, Dispersionslacke und High-Solid-Lacke	
Speziallacke z.B. Epoxidharzlack, Polyurethanharzlack und Chlorkautschuklack	

4. Was sind **Naturharzlacke** oder sogenannte Biolacke?

   _____

Arbeitsblatt 30

| Name | Datum | Klasse |

Bautenlacke zu S. 75 – 78

> Bautenlacke sind Malerlacke, die im Innen- und Außenbereich von Malern und Malerinnen am Bau eingesetzt werden. Es handelt sich hierbei um Dispersionslacke, Alkydharzlacke oder High-Solid-Lacke.

1. a) Erklären Sie noch genauer, was man unter **Bautenlacke** versteht.

   _____
   _____
   _____
   _____

   b) Nennen Sie die **Einsatzgebiete** (Verwendung) von Bautenlacke.

   _____
   _____

2. Ergänzen Sie folgenden **Merksatz**.

> High-Solid-Lacke und Farben sind _____ und umweltfreundliche, meist Alkydharzlacke. Sie haben einen hohen _____ von mehr als 60 % (Bindemittel und Pigmente).

3. Schreiben Sie die **Vorteile** von High-Solid-Lacken in die Tabelle.

Vorteile	
Nachteile	spezielle, trainingsintensive Verarbeitung, größere Auftragsmengen, geringere Standfestigkeit, je nach Lösemittelgehalt nur bedingt spritzbar, langsamere Durchtrocknung, erhöhte Vergilbungsneigung, Runzelbildung bei dickeren Lackschichten

4. Wie hoch ist der Anteil an organischen **Lösemittel** bei High-Solid-Lacken?

☐	Sie sind umweltfreundlich, weil der Lösemittelanteil unter 20 % liegt.
☐	Sie haben einen Lösemittelanteil von über 30 %, weil es sich um Alkydharzlacke handelt.

Name	Datum	Klasse

Arbeitsblatt 31

Alkydharzlacke zu S. 75 – 77

> Alkydharzlacke sind hochwertige Bautenlacke mit hervorragenden Lackeigenschaften, wie Glanzhaltung, Härte, Verlauf und Wetterbeständigkeit.

1. Warum werden **Alkydharzlacke** auch als Kunstharzlacke bezeichnet?

   _____

   _____

2. Schreiben Sie die **Bestandteile** mit Prozentangaben ins richtige Feld.

3. Aus welchen **Rohstoffen** werden Alkydharze hergestellt?

   _____

4. Ergänzen Sie das folgende Schema über die **Alkydharzlackarten** und ihre Verwendung.

Alkydharzlackarten	Ölanteil	Verwendung
_____	unter 40 %	Einbrennlacke und Lackfarben für die Industrie (Fahrzeuglacke)
mittelölige Alkydharzlacke	40 % bis 60 %	_____
_____	über 60 %	_____ für innen und außen, z. B. Heizkörper- und Fensterlacke

5. Beschreiben Sie die **Trocknung der Alkydharzlacke**.

   _____

   _____

6. Beschreiben Sie wichtige **Vor- und Nachteile der Alkydharzlacke**.

Vorteile	_____
Nachteile	_____

© Westermann Gruppe

Arbeitsblatt 32

Name	Datum	Klasse

Eigenschaften der Alkydharzlacke zu S. 76 – 77

1. Beschreiben Sie wichtige **Eigenschaften der Alkydharzlacke**.

2. Nennen Sie sechs Alkydharzbeschichtungsstoffe für verschiedene **Einsatzgebiete**.

3. Erklären Sie folgende Begriffe:

Alkydharz-kombinationen	
Eintopfsysteme	
High-Solid-Lacke	

4. Was unterscheidet **High-Solid-Lacke** von herkömmlichen Alkydharzlacken?

5. Schreiben Sie die **Bestandteile von High-Solid-Lacken** mit Prozentangaben ins richtige Feld.

6. Beschreiben Sie die Vor- und Nachteile der **High-Solid-Lacke**.

Vorteile	
Nachteile	

| Name | Datum | Klasse |

Arbeitsblatt 33

Speziallacke

zu S. 79 – 80

1. Welche Werkstoffe werden als **Speziallacke** bezeichnet?

   _____
   _____

2. Benennen Sie die **zwei Gruppen** von Speziallacken, die man nach ihrer Trocknung unterscheidet.

_____	trocknen durch Verdunsten der Lösemittel
_____	trocknen durch chemische Reaktion der Bestandteile

3. Nennen Sie Beispiele für beide **Speziallackarten**.

ölfreie Lacke	_____
Kunstharz- und Kunststofflacke	_____

4. Ergänzen Sie folgenden Merksatz.

Ölfreie Lacke sind alle _____ **(umkehrbar), d. h., sie sind nicht** _____ **.**

5. Beschreiben Sie die **Verwendung** folgender Speziallacke.

Chlorkautschuklackfarben	_____
Asphalt- und Bitumenlacke	_____
Acrylharzlacke	_____

Speziallacke sollten immer nach den Angaben des Herstellers verarbeitet werden.

Arbeitsblatt 34

Name — **Datum** — **Klasse**

Reaktionslacke — zu S. 80 – 82

1. Beschreiben Sie den Begriff „Reaktionslacke".

   _____
   _____
   _____

2. Wie heißen die zwei **Bestandteile eines Zweikomponentenlackes**?

3. Wie lassen sich **Zweikomponentenlacke** beschreiben?

   _____
   _____
   _____
   _____

4. Ergänzen Sie folgende Aussage.

   Die verschiedenen 2K-Lacke haben unterschiedliche _____ (= Topfzeiten), die von weniger als einer _____ bis zu _____ Tagen reichen.

5. Nennen Sie wichtige **2K-Speziallacke** für Maler/-innen und Lackierer/-innen und beschreiben Sie deren Trocknung.

   _____
   _____
   _____
   _____

6. Fassen Sie zusammen, was Sie über die **Verarbeitung von 2K-Lacken** wissen.

Bildnachweis: BC GmbH Verlags- und Medien-, Forschungs- und Beratungsgesellschaft

Arbeitsblatt 35

| Name | Datum | Klasse |

Umweltfreundliche Lacke zu S. 82 – 84

1. Nennen Sie die vier **umweltfreundlichen Lacksysteme** und beschreiben Sie mit je einem Satz, warum diese Lacke umweltfreundlich sind.

_____	_____
_____	_____
_____	_____
_____	_____

2. Wann erhalten High-Solid-Lacke den **Blauen Umweltengel**?

_____

_____

Bildnachweis: RAL gGmbH

3. Tragen Sie zum **Vergleich von Dispersionslacken mit Alkydharzlacken** die fehlenden Eigenschaften ein.

Merkmale	Dispersionslacke	Alkydharzlacke
Glanz		hochglänzend
Verlauf	befriedigend bis gut	
Härte		hart
Kratzfestigkeit	weniger bis gut	
Blockfestigkeit		gut bis sehr gut
Geruch	wenig	
Trocknung staubtrocken		3 bis 5 Stunden
grifffest	2 bis 4 Stunden	
überstreichbar		12 bis 14 Stunden
durchgetrocknet	1 bis 2 Tage	
Reinigungsfähigkeit	befriedigend bis gut	
beständig gegen alkalische Reiniger		gering (verseifen durch Laugen)
Vergilbungsneigung	sehr gering	
Glanzstabilität	sehr gut	
Versprödung		nimmt mit dem Alter zu
Elastizität	sehr gut	
Diffusionsfähigkeit	gut bis sehr gut	
Verdünnung		Testbenzin (Terpentin-Ersatz), Kunstharz-Verdünnung, Universal-Verdünnung

© Westermann Gruppe

Arbeitsblatt 36

Name | **Datum** | **Klasse**

Anstrichaufbau zu S. 87 – 88

1. Erklären Sie den Begriff „**Beschichtungssystem**".
   _____
   _____
   _____

2. Benennen Sie **drei Anstrichschichten** eines üblichen Anstrichaufbaus.
   ① _____
   ② _____
   ③ _____

3. Beschreiben Sie ein **Anstrichsystem** (Rostschutzanstrich) auf **Stahluntergrund**.
   _____
   _____
   _____

4. Beschreiben Sie die **Aufgaben** der folgenden Anstrichschichten.

	Anstrichschichten	Aufgaben
4	Schlussanstrich- oder Deckanstrichschicht	
3	Zwischenanstrich-, Vorlack- oder Füllerschicht	
2	Spachtelschicht	
1	Grundanstrich oder Grundanstrichschicht	
	Untergrund	

5. Ergänzen Sie folgenden Merksatz.

   Die Schichtdicke eines Anstriches wird in _____ (µm) gemessen.

Arbeitsblatt 37

Name	Datum	Klasse

Aufgaben und Verwendung von Grundanstrichstoffen zu S. 87 – 91

1. Welche **Aufgaben** haben Grundanstrichstoffe?

   _____
   _____
   _____

2. Welche Aufgaben haben die beiden **Arten von Grundanstrichstoffen**?

Grundanstrichstoffe für poröse Untergründe	
Grundanstrichstoffe für dichte Untergründe	

3. Welche **anstrichtechnischen Wirkungen** lassen sich durch Grundanstrichstoffe für poröse Untergründe erreichen?

   _____
   _____

4. Tragen Sie **wasserverdünnbare Grundanstrichstoffe und ihre Verwendung** (in Stichpunkten) in das folgende Schema ein.

Bindemittel/Arten	Verwendung
Kunststoffdispersionen – _____ – _____ – _____ – _____	
Kaliwasserglas – _____	für alkalische Untergründe, die mit 2K-Silikatfarben, Dispersionssilikatfarben oder Silikatputzen beschichtet werden zum Verdünnen von Silikatfarben
Polymerisatharz – _____	

© Westermann Gruppe

Arbeitsblatt 38

Name	Datum	Klasse

Eigenschaften der Grundanstrichstoffe zu S. 89 – 91

1. Wie lassen sich **Grundanstrichstoffe** allgemein **nach ihren Eigenschaften** beschreiben?
   _____
   _____
   _____
   _____

2. In welche zwei Gruppen werden **Grundanstrichstoffe** in Bezug auf ihre **Umweltverträglichkeit** eingeteilt?
   _____
   _____

3. Nennen Sie Beispiele für **lösemittelverdünnbare „Grundanstrichstoffe"**.

Polymerisatharz	Epoxidharz	Alkydharz
– _____	– _____	– _____
– _____	– _____	– _____
		– _____

4. Beschreiben Sie die **Verwendung von Polymerisatharztiefgrund**.
   _____
   _____

5. Benennen Sie wichtige **Eigenschaften** von Alkydharzrostschutz- und Ventigrund.

Ventilationsgrund	_____
Rostschutzgrund	_____

6. Ergänzen Sie folgenden **Merksatz**.

   Lösemittelverdünnbare _____ müssen beim Streich- oder Rollauftrag mit _____ Werkzeugen verarbeitet werden.

42

Arbeitsblatt 39

Name	Datum	Klasse

Spezialwerkstoffe zu S. 93 – 94

1. Wozu benötigen Maler/-innen und Lackierer/-innen **Spezialwerkstoffe**?
   _____
   _____

2. Beschreiben Sie die aufgeführten Spezialwerkstoffe oder benennen Sie diese nach der Beschreibung.

Spezialwerkstoffe	Beschreibung
	Fluate, lösemittelhaltige und lösemittelfreie Grundiermittel
	Holzschutzmittel, Siliconharzlösungen, Grundiermittel
	Säure als Neutralisationsmittel für alkalische Untergründe
Bleichmittel	
Holzbeizen	
Holzschutzmittel	
Holzschutzlasuren	
	Dispersionslasuren (ohne Wirkstoffe) für innen
Brandschutzmittel	
	Bitumen, Silicone und Acrylate
Blattmetalle	
Bronzelacke	
	Gips-, Lack- und Dispersionsspachtel, 2K-Spachtel
	Stuckgips, Ansetzgips, Fugengips und Maschinenputzgips
Streichmakulatur	
Tapetenwechselgrund	
	lösemittelfrei, macht Tapeten und Farben abwaschbar

3. Beschreiben Sie die angegebenen **Imprägniermittelarten**.

Imprägniermittel	Beschreibung
Siliconharzlösungen Holzschutzmittel Imprägnierlacke Vinylharzdispersionen Fluate u. a.	_____ _____ _____ _____

4. Beschreiben Sie die **Verwendung** von folgenden Spezialwerkstoffen.

Absperrmittel	Imprägniermittel	Fluate
	–	–
	–	–

© Westermann Gruppe

Arbeitsblatt 40

Name	Datum	Klasse

Holzschutzmittel zu S. 95 – 97

1. Beschreiben Sie die **Holzschutzmittel** und ihre Aufgaben.

2. Nennen Sie die Kurzzeichen bzw. die **Bewertungen von Holzschutzmitteln**.

Kurzzeichen	Eigenschaften und Schutzwirkung
P	
B	
Iv	
Ib	
S	
	geeignet zum Streichen und Tauchen von Bauholz sowie zum Spritzen in stationären Anlagen
	geeignet auch für Holz, das der Witterung ausgesetzt ist
	geeignet für Holz, das extremer Beanspruchung ausgesetzt ist, z. B. in Erdkontakt oder fließendem Wasser
	geeignet zum Brandschutz (Feuerschutzanstriche) von Holz und Holzwerkstoffen

3. Beschreiben Sie die **Bedeutungen** der abgebildeten **Prüfzeichen** in Kurzform.

4. Wozu benötigt man **Bläueschutzgrund**?

5. Nennen Sie **wichtige Holzschutzmittel**.

 Die Holzschutzmittel enthalten zum Teil sehr gesundheitsschädliche Stoffe. Deshalb müssen die in den Herstellerangaben genannten Sicherheitsmaßnahmen unbedingt eingehalten werden.

Bildnachweis: Kurt Obermeier GmbH 44.1 | RAL Deutsches Institut für Gütesicherung und Kennzeichnung e. V. 44.2 | RAL gGmbH 44.3 | BC GmbH Verlags- und Medien-, Forschungs- und Beratungsgesellschaft 44.4

Name	Datum	Klasse

Arbeitsblatt 41

Holz(schutz)lasuren zu S. 97 – 99

1. Wie lassen sich **Holzlasuren** beschreiben?

2. Nennen Sie drei wichtige **Anforderungen**, die gute Holzlasuren erfüllen sollten.

3. Beschreiben Sie den Unterschied zwischen **Holzlasuren und Holzschutzlasuren**.

Holzlasuren (für den Innenbereich)	
Holzschutzlasuren (für den Außenbereich)	

4. Beschreiben Sie den Unterschied zwischen **Dünn- und Dickschichtlasuren**.

5. Welche **Verwendung** haben Dünn- und Dickschichtlasuren?

offenporiger Anstrich

geschlossener Anstrich

Bildnachweis: Jouve Germany GmbH & Co. KG

6. Welche Vorteile haben **Dispersionslasuren**?

Arbeitsblatt 42

| Name | Datum | Klasse |

Brandschutzmittel zu S. 100 – 101

1. Erklären Sie den Begriff „Brandschutzmittel".

   _____
   _____

2. Erklären Sie die **Wirkungsweise** von Brandschutzmitteln (Dämmschichtbildner).

   Feuer | Kohleschaumschicht | Holz

   _____
   _____
   _____
   _____
   _____

   Bildnachweis: Jouve Germany GmbH & Co. KG

3. Nennen Sie die beiden **Aufgaben** von Brandschutzmitteln.

   • _____
   • _____

4. Was bedeutet die **Baustoffklasse B1**?

   _____

5. Welche **Feuerwiderstandsklassen** gibt es und was bedeuten sie?

   _____
   _____

6. Schreiben Sie die verschiedenen **Brandschutzsysteme** in das vorgegebene Schema.

Brandschutzsysteme	Verwendung
– _____	_____
– _____	_____
– _____	_____

7. Benennen Sie die **Anstrichschichten eines Brandschutzsystems**.

   _____
   _____

Arbeitsblatt 43

| Name | Datum | Klasse |

Dichtstoffe zu S. 101 – 103

1. Wofür verwendet man **Dichtstoffe**?
   _____
   _____

2. Welche **Aufgaben** haben Dichtstoffe?
   _____
   _____

3. Nennen Sie zu den beiden **Fugenarten** einige Beispiele.

Anschlussfugen	
Dehnungsfugen	

4. Welche **Eigenschaften** sollten gute Dichtstoffe haben?
   - _____
   - _____
   - _____

5. Schreiben Sie zu den **Dichtstoffarten** einige Beispiele.

Erhärtende Dichtstoffe	Plastische Dichtstoffe	Elastische Dichtstoffe	Dichtungs-Füllschaum
–	–	–	–
–	–	–	–
		–	

6. Beschreiben Sie die **Verwendung von elastischen Dichtstoffen**.
   _____
   _____

Arbeitsblatt 44

| Name | Datum | Klasse |

Baugipse zu S. 103 – 104

1. Ergänzen Sie den folgenden **Merksatz**.

> Baugips ist ein Sammelname für Gips-_____, die vor allem für Putz-, Stuck- und Estricharbeiten verwendet werden.
>
> Auch bei der Herstellung von _____ wird Gips verwendet. Baugipse werden im Baubereich für verschiedene Anwendungen eingesetzt.

2. Beschreiben Sie die **Herstellung** von **Stuckgips**.

   _____
   _____
   _____

   Knauf Gips KG

3. Ergänzen Sie die Tabelle über die **Baugipsarten** nach DIN V 18550.

Gipsarten	Verwendung/Beschreibung
_____	meist für Innenputze (Gipsputz, Gipskalkputz und Kalkgipsputz), für Stuckornamente (Formarbeiten) als Wand-, Decken- und Fassadenstuck
_____	für Innenputz (Gipsputz und Gipssandputz), wird als Hand- und Maschinenputz verwendet; härtet nicht so schnell wie Stuckgips und kann deshalb länger verarbeitet werden
_____	durch die Beimischung von Verzögerern wird die Verarbeitungsdauer verlängert; beispielsweise für die Befestigung von Elektrosteckdosen
Maschinenputzgips	_____
Fertigputzgips	_____
_____	hat eine besonders gute Oberflächenhaftung; als Montagegips für Befestigung von Kabeln, Dosen und Schalter
_____	zum Verbinden (Verspachteln) der Gipsplattenstöße, also zum Ausfugen von Bauplatten und Rissen; Zusätze für langsames Versteifen
Spachtelgips	_____
Anhydritgips	_____

48   © Westermann Gruppe

Arbeitsblatt 45

| Name | Datum | Klasse |

Spachtelmassen zu S. 104 – 105

1. Welche Werkstoffe werden als **Spachtelmassen** bezeichnet?
   _____
   _____
   _____

2. Wie werden Spachtelmassen nach ihrem **Verarbeitungsverfahren** bezeichnet?
   _____

3. Ergänzen Sie folgenden **Merksatz**.

   > **Spachtelmassen werden meistens nach dem** _____ **bezeichnet (z. B. Ölspachtel), weil es ihre** _____ **(Haftung, Trocknung) und ihren Einsatzbereich bestimmt.**

4. Beschreiben Sie die beiden folgenden **Spachtelmassengruppen**.

organisch gebundene	_____
mineralisch gebundene	_____

5. Schreiben Sie zu den **Spachtelmassenarten** einige dazugehörige Beispiele.

Wässrige Spachtelmassen	Einkomponentenlackspachtel	Zweikomponenten-lackspachtel
– _____	– _____	– _____
– _____	– _____	– _____
– _____	– _____	– _____
– _____	– _____	

6. Beschreiben Sie die **Eigenschaften von Einkomponentenlackspachtel**.
   _____
   _____

© Westermann Gruppe

Arbeitsblatt 46

Name	Datum	Klasse

Hilfsstoffe zu S. 110 – 112

> **Hilfsstoffe (Hilfsmittel)** helfen den Maler/-innen bei der Auftragsausführung, z. B. um einen Untergrund für eine Beschichtung oder Tapezierung vorzubereiten.

1. Beschreiben Sie die aufgeführten **Hilfsstoffe** oder benennen Sie diese nach der Beschreibung.

Hilfsstoffe	Beschreibung
	Alkali- und Phosphatgemische mit Netzmittel, Lösemittel und Fluaten
	Laugen und lösemittelhaltiges Abbeizfluid
Schimmelentferner	
Klebstoffentferner	
Tapetenlöser	
	Lacklöser, wasseremulgierbar, biologisch abbaubar
Entrostungsmittel	
Klebstoffe	
	Schleifpapier, Schleifvliese, Schleifpasten und Schleifpulver

2. Ergänzen Sie folgenden Merksatz.

> Maler/-innen und Lackierer/-innen sollten _____ abbaubare _____ verwenden, weil sie die _____ und die _____ der Verarbeitenden schonen.

3. Nennen Sie drei Beispiele für **alkalische Reinigungsmittel** und beschreiben Sie deren Verwendung.

Beispiele	Verwendung
–	
–	
–	

4. Beschreiben Sie den Begriff „Pinselreiniger".

5. Welche **Abbeizmittel** sind besonders umwelt- und gesundheitsschädlich?

Name	Datum	Klasse

Arbeitsblatt 47

Tapetenkleister zu S. 112 – 115

1. Beschreiben Sie die drei folgenden flüssigen **Klebstoffarten**.

    Leimlösungen = _____

    Dispersionskleber = _____

    Lösemittelkleber = _____

2. Zählen Sie vier verschiedene **Kleisterarten** auf.

3. Was ist der Unterschied zwischen **Normal- und Spezialkleister**?

4. Beschreiben Sie **Eigenschaften** und **Verwendung** von Spezialkleister.

Eigenschaften	Verwendung
– _____	_____
– _____	_____

5. Was bedeutet ein **Kleiseransatzverhältnis** von 1:50 für schwere Tapeten?

6. Beschreiben Sie **Dispersionsklebstoffe**.

7. Zählen Sie verschiedene **Sorten von Dispersionsklebern** auf.

Arbeitsblatt 48

| Name | Datum | Klasse |

Klebebänder zu S. 116 – 118

> Wenn das Klebeband genau auf die Anwendung abgestimmt wird, dann gelingt ein perfektes Ergebnis. So können unnötige Nacharbeiten vermieden werden.

1. Schreiben Sie fünf wichtige Punkte bei der **Auswahl des richtigen Klebebandes** auf.

   • _____
   • _____
   • _____
   • _____
   • _____

2. Was empfehlen die Klebebandhersteller beim **Einsatz auf schwierigen Untergründen**?

   _____

3. Benennen Sie die **Klebbandarten** und das **Einsatzgebiet** anhand dieser Tabelle.

_____

Sie ermöglichen einfaches Abkleben, sind problemlos vom Untergrund entfernbar. Auch sind sie beständig gegen wasser- und lösemittelhaltige Farben und Lacke.

_____

Aus dünnen Spezialpapier, sehr nassfest, UV-beständig, kann bis zu 6 Monate auf dem Untergrund verbleiben. Das Klebeband verhindert das Durchweichen von Farben und Lacken auf glatten bis leicht rauen Untergründen

_____

Kunststoffbeschichtet, gut geeignet bei hohen mechanischen Belastungen und auf rauen Untergründen. Es ist anschmiegsam und bis zu 8 Wochen rückstandslos abziehbar.

_____

formstabil, UV-beständig, aus PVC oder PE und langfristig einsetzbar. Es und wird speziell bei Verputzarbeiten zum Abkleben eingesetzt.

4. Ergänzen Sie folgenden **Merksatz**.

> Klebebänder haben unterschiedliches _____ für die verschiedenen Anwendungsgebiete, z. B. einen UV-stabilen Träger für den Innen- und _____ .

Arbeitsblatt 49

| Name | Datum | Klasse |

Abdeckmaterial — zu S. 118

1. Was sind **Maskenbänder** und wozu werden sie verwendet?

   _____
   _____

2. Benennen oder beschreiben Sie die aufgeführten **Abdeckmaterialien**.

Abdeckmaterialien	Verwendung/Beschreibung
_____	Zum Überbrücken von Rissen und Spalten auf Putzen
Teppichverlegeband	_____
Baustellenabsperrband	_____
_____	Abdeckmaterial für Fußböden mit Antirutschbeschichtung
Oberflächenschutzfolie	_____
_____	krepp oder glatt, Universalabdeckmaterial für vielerlei Oberflächen
_____	aus Baumwolle, waschbar und reißfest, z. B. für Möbel und andere Gegenstände
_____	aus Polyethylen, hoch reiß- oder wasserfest, für diverse Gegenständen
Milchtütenpapier	_____

3. Ergänzen Sie diesen Merksatz.

   > Um eine ausreichende Verklebung zu gewährleisten, muss die _____ trocken, _____ und fettfrei sein.

4. Schreiben Sie vier wichtige Regeln für den **Klebebandeinsatz** auf.

   - _____
   - _____
   - _____
   - _____

© Westermann Gruppe

Arbeitsblatt 50

Name	Datum	Klasse

Aufbau und Aufgaben von Schleifmitteln zu S. 119 – 121

1. Erklären Sie den Begriff „Schleifmittel".

   _____

   _____

2. Beschreiben Sie die aufgeführten Schleifmittel oder benennen Sie diese nach der Beschreibung.

Schleifmittel	Beschreibung
Schleifpapiere	
	als Fiber-Discs für Winkel- und Exzenterschleifer
Schleifgitter	
	als Bogen und Scheibenmaterial, beidseitig verwendbar
Schleifpads	
	feine Schleifkörner in zähen Flüssigkeiten, z. B. Paraffin
Schleifpulver	
	z. B. ein Stück Bimsstein zum direkten Schleifen
Poliermittel	
	Knäuel von Stahldrähten für groben Handschliff

3. Beschreiben Sie den **Aufbau von Schleifpapieren**.

   _____

   _____

4. Benennen Sie die vier **Bestandteile von Schleifpapier**.

5. Aus welchen Materialien werden die **Unterlagen der Schleifmittel** (Schleifkornträger) angefertigt?

   _____

6. Beschreiben Sie die **Aufgaben der beiden Schleifkornbindemittel**.

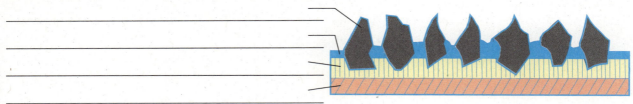

Grundbinder	
Deckbinder	

Arbeitsblatt 51

Name	Datum	Klasse

Eigenschaften von Schleifmitteln   zu S. 122 – 124

1. Welchen Qualitätsunterschied gibt es zwischen **Nass- und Trockenschleifpapieren**?
   _____
   _____

2. Beschreiben Sie den Einsatz der wichtigsten **Schleifkornarten**.

Korund Aluminiumoxid (Al_2O_3)	
Siliziumcarbid (SiC)	

3. In welchem Bereich liegt die **Korngröße** der Schleifpapiere, -gewebe und -fiber?
   _____

4. Ergänzen Sie folgenden **Merksatz**.

> Je größer die Zahl auf dem _____, Schleifgewebe oder Schleiffiber ist,
>
> desto _____ ist die _____ und damit der Schliff.

5. Beschreiben Sie die **Vorteile von Schleifmitteln** mit offener bzw. dichter Streuung.

offene Streuung	
dichte Streuung	

6. Beschreiben Sie **Schleifvliese** und benennen Sie die **Bestandteile** auf der Zeichnung.
   _____
   _____
   _____
   _____

7. Welche zwei **Schleifvliessorten** werden nach der Kornart unterschieden?
   _____
   _____

Arbeitsblatt 52

Name	Datum	Klasse

Wandbekleidungen zu S. 128

1. Aus welchen **Stoffen** können Wandbekleidungen bestehen?

2. In welcher **Form** kommen Wandbekleidungen in den Handel?

3. Wie werden Wandbekleidungen **befestigt**?

4. Nennen Sie **verschiedene Wandbekleidungen**.

5. Beschreiben Sie die **beiden Gruppen** von Wandbekleidungen.

fertige Wandbekleidungen	
zu behandelnde Wandbekleidungen	

Tapeten sind fertige Wandbekleidungen, die keine weitere Behandlung mehr benötigen.

6. Erklären Sie den Begriff „**Tapete**" möglichst genau.

7. Zu welcher Gruppe von Wandbekleidungen zählt die **Raufasertapete**?

Arbeitsblatt 53

| Name | Datum | Klasse |

Tapeten zu S. 128 – 130

1. Tragen Sie in die Tabelle ein, um welches **Druckverfahren** es sich jeweils handelt.

_____	nach digitalisierter Vorlage, z. B. Foto, verschiedene Drucktechniken wie Tintenstrahl, Laser oder Elektrostatik
_____	zwischen Positiv- und Negativwalzen wird die Papierbahn unter hohem Druck geprägt
_____	Druck durch die Vertiefungen der Druckwalze – die Farbe wird vom Papier aufgesaugt.
_____	Mit der Rakel wird die Farbe von innen durch die Öffnungen des Rundsiebes gedrückt.

2. Durch welche Faktoren wird die **Qualität von Tapeten** beeinflusst?

   • _____
   • _____
   • _____
   • _____
   • _____
   • _____

3. Ergänzen Sie folgenden **Merksatz**.

   Je stärker das Papier und je besser die Druckfarben, desto _____
   und _____ **sind die Tapeten.**

4. Schreiben Sie die **Lieferformen** (Maße) folgender Tapeten auf.

   a) **Europarolle:** _____ m

   b) **Standard-Raufaserrolle:** _____ m

   c) **Raufaser-Großrolle:** _____ m

5. Welche Bedeutung hat das abgebildete **RAL-Gütezeichen**?

   _____
   _____
   _____
   _____
   Die Einhaltung dieser Gütebestimmungen wird ständig überwacht.

   Bildnachweis: RAL gGmbH

© Westermann Gruppe

Arbeitsblatt 54

Name	Datum	Klasse

Tapetenarten zu S. 130 – 133

1. Nennen Sie die acht Tapetengruppen, die nach der Euronorm definiert sind.

   _____
   _____

2. Beschreiben Sie die folgenden **Tapetenarten**.

Tapetenarten	Beschreibung
Fondtapeten	Sie erhalten vor dem Musteraufdruck einen ganzflächigen lichtechten Farbauftrag (Fond), daher sind sie lichtbestandig und vergilben nicht. Die Oberfläche kann glatt oder einfach geprägt sein. Das Muster wird nachträglich auf den Fond aufgebracht.
gaufrierte Tapeten	
Duplex-Prägetapeten	Hier werden zwei stärkere Papierbahnen miteinander verklebt und in noch feuchtem Zustand mit Stahlwalzen unter hohem Druck geprägt. Bei Prägetapeten ist an der Rückseite das Negativbild der Prägung zu sehen.
Struktur-Profiltapeten	
Gewebetapeten	
Unitapeten	Dies sind Papier- oder Vliesträgertapeten, die musterlos und einfarbig sind, aber eine Prägestruktur oder einen plastischen Materauftrag haben können.
Fototapeten	
EMV-Tapeten	Dies sind Spezialtapeten, die vor Elektrosmog schützen und insgesamt eine hohe Abschirmung gegen verschiedene Strahlenarten bieten. Sie bestehen aus einer vollflächigen, elektrisch leitfähigen Schicht, die keine Metalle oder Schadstoffe enthält. Die Tapete ist übertapezier- und überstreichbar.

Arbeitsblatt 55

| Name | Datum | Klasse |

Tapetenkennzeichnung zu S. 133 – 135

1. Nennen Sie zu den fünf **Anfertigungskennzeichnungen** die Bedeutung.
   - Anfertigungsnummer _____
   - Hersteller _____
   - Qualitätsgruppe _____
   - Rapportangabe _____
   - Musterrichtung _____

2. Warum dürfen zum Tapezieren (in einem Raum) nur **Tapetenrollen mit gleicher Anfertigungsnummer** verwendet werden?
   _____
   _____

3. Welche zusätzliche Information auf dem **Beilegezettel** ist besonders wichtig?
   _____

4. Nennen Sie zu den **Tapetensymbolen** die jeweilige Bedeutung.

Bildnachweis: Jouve Germany GmbH & Co. KG

Arbeitsblatt 56

Name	Datum	Klasse

Prüfrichtlinien für Tapeten   zu S. 135 – 139

> **Achtung:** Bei fehlerhafter Ware leisten Tapetenhersteller nur dann Ersatz, wenn die Prüfrichtlinien eingehalten wurden.

1. Benennen Sie die **Prüfrichtlinien** vor dem Öffnen der Klarsichtverpackung.

    - _____
    - _____
    - _____

2. Beschreiben Sie die **Prüfrichtlinien** nach dem Öffnen der Klarsichtverpackung.

Prüfrichtlinien	Beschreibung
Kontrolle auf Seitengleichheit	
Kontrolle durch Fächerprobe	
Fehlerkontrolle	

3. Ergänzen Sie folgenden **Merksatz**.

> Reststücke der Tapeten und der _____ sind bis zur Abnahme der _____ unbedingt aufzubewahren.

4. Wie lautet die Formel zur **Ermittlung des Rollenbedarfs**?

    Benötigte Rollenzahl = _____

5. Nennen Sie die Maße einer **Europa-Tapetenrolle** und für wie viel m² sie reicht?

    _____

Arbeitsblatt 57

Name	Datum	Klasse

Tapeziertechnik zu S. 141 – 143

1. Schreiben Sie die **Klebetechnik** bzw. die **Beschreibung** in die Tabelle.

Klebetechniken	Beschreibung
_____ (Kleister wird auf die Rückseite der Tapete aufgetragen)	Die Tapeten werden mit Kleisterbürste oder Kleistergerät eingekleistert. Hier kann je nach Tapetenart der passende Kleister ausgewählt werden. Das gilt für alle **Papiertapeten**. Diese benötigen eine **Weichzeit** von 5 bis 10 Minuten.
_____ (Kleister wird auf den Untergrund aufgetragen)	_____ _____ _____ _____ Das gilt für formstabile Tapeten, wie **Vliestapeten** und manche Gewebetapeten.

2. Ergänzen Sie folgenden **Merksatz**.

Alle _____ benötigen eine Weichzeit. Dazu werden die Tapeten direkt eingekleistert. _____ benötigen keine Weichzeit und können mit der Wandklebetechnik tapeziert werden.

3. Schreiben Sie die **Tapezierschritte** oder jeweils einen wichtigen Punkt dazu auf.

- **Tapete zuschneiden,** _____
- _____ mit der Kleisterbürste oder dem Kleistergerät
- _____ vorgesehene Weichzeit einhalten
- **Tapeten kleben** _____
  _____
  _____
- _____ den kürzeren Weg wählen oder vom Licht weg
- **Reinigen der Werkzeuge und Geräte** _____

4. Was ist beim **Musteransatz** zu beachten?

- **Ansatzfreie Mustertapeten** _____
  _____
- **Tapeten mit gradem Ansatz** _____
  _____
- **Tapeten mit versetztem Ansatz** _____
  _____

© Westermann Gruppe

Arbeitsblatt 58

Name	Datum	Klasse

Bodenbeläge zu S. 147 – 149

1. Notieren Sie die **Anforderungen** an einen guten **Bodenbelag**.

   _____
   _____

2. Beschreiben Sie die abgebildeten **Fußbodenarten** in Kurzform.

Fußbodenarten	Beschreibung
Teppichböden	Es gibt eine große Anzahl von verschiedenen Materialien, Oberflächenstrukturen, Design- und Farbmöglichkeiten. Teppichqualität ist an Flor und Rücken (Grundgewebe) erkennbar. Qualitätsmerkmale werden mit Sternen belohnt.
Elastische Bodenbeläge	_____
Parkettböden	Parkettboden wird entweder auf einen Blindboden aus Brettern, Verlegeplatten verdeckt genagelt oder auf Estrich geklebt. Es gibt Massiv-, Mehrschicht- und Fertigparkett. Es gibt Fertigparkett zum Klicken oder Parkettdielen, die schon versiegelt sind. Massivholzparkett muss nach dem Verlegen geschliffen und versiegelt werden.
Laminatböden	_____

3. Ergänzen Sie den folgenden **Merksatz**.

> **Ökologische und schadstofffreie Bodenbeläge sind:** _____, Massivholzparkett, Kork und reine _____.
>
> **Es gibt aber heute auch noch** _____ **hergestellte** _____, **die garantiert ökologisch unbedenklich sind.**

4. Was kennzeichnet die, mit dem „Gut-Siegel" geprüfte **Teppichböden** aus?

   _____
   _____

Bildnachweis: Shutterstock.com, ShutterDesigner 62.1; Guki 62.2; The Art Biz 62.3; ThreeDiCube 62.4; Omeris 62.5

62 © Westermann Gruppe

Arbeitsblatt 59

| Name | Datum | Klasse |

Untergründe zu S. 152 – 154

1. Erklären Sie den Begriff „Untergründe".

   _____
   _____
   _____

2. Nennen Sie die sechs wichtigsten **Untergrundarten**.

   _____
   _____

3. Ergänzen Sie das Schema zur **Einteilung der Untergründe**.

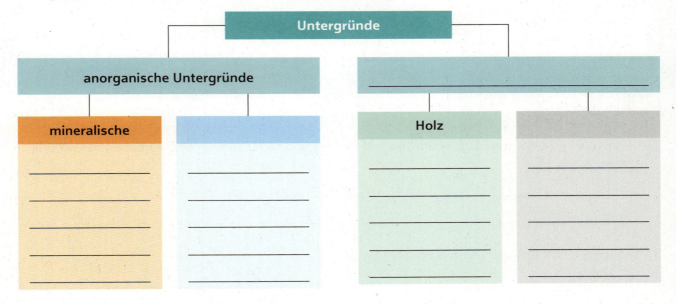

4. Schreiben Sie in die Leerzeilen Beispiele für **poröse und dichte Untergründe**.

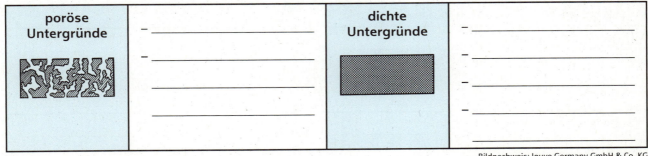

Bildnachweis: Jouve Germany GmbH & Co. KG

> **Poröse Untergründe sind mehr oder weniger saugfähig. Dichte Untergründe können glatt oder rau sein und lassen ein Eindringen von Grundanstrichstoffen nicht zu.**

5. Wie kann die **Saugfähigkeit** bei porösen Untergründen verringert werden?

   _____
   _____

Arbeitsblatt 60

| Name | Datum | Klasse |

Eigenschaften der Untergründe　　　　　　　　　　　　　　　　　zu S. 153 – 154

1. Welche unterschiedlichen Eigenschaften benötigen **Grundanstrichstoffe** für poröse und für dichte Untergründe?

poröse Untergründe	Grundanstrichstoffe sollen – gut in den Untergrund eindringen, – _____ – _____ – _____
dichte Untergründe	Grundanstrichstoffe sollen – besonders gut haften, d.h. eine gute Adhäsion besitzen, – _____ – _____ – _____

Bildnachweis: Jouve Germany GmbH & Co. KG

> **Anstrichuntergründe müssen sorgfältig geprüft und vorbereitet werden. Eine Beschichtung kann nur so gut sein wie ihr Untergrund.**

2. Nennen Sie acht **wichtige Eigenschaften**, wie Untergründe vor einer Beschichtung beschaffen sein sollten.
   _____
   _____

3. Nennen Sie fünf **Prüfverfahren** für Untergründe.
   _____

4. Beschreiben Sie zu den **Vorarbeiten** die passenden Beispiele bei der Untergrundvorbereitung.

Vorarbeiten	Beispiele
Untergrund reinigen	– _____ – _____ – _____
Schadstoffe entfernen	– _____ – _____ – _____
Grundanstriche	– _____ – _____ – _____

Arbeitsblatt 61

| Name | Datum | Klasse |

Prüfverfahren zu S. 154 – 155

> **Untergründe müssen vor Beginn der Malerarbeiten auf ihren Zustand überprüft werden.**

1. Nennen Sie Gründe für die Überprüfung der Untergründe vor den Malarbeiten.

   _____
   _____
   _____

2. Welche Untergrundprüfungen werden von Maler/-innen in jedem Fall vorgenommen?

   _____
   _____

3. Benennen Sie

   a) die abgebildeten Prüfverfahren,
   b) die Beschreibung der Prüfverfahren.

_____	_____	_____	_____
Kratzprobe	Gitterschnitt	Klebebandtest	Benetzungsprobe
		Klebeband wird auf den Anstrich gedrückt und dann ruckartig abgezogen. Auch in Verbindung mit Gitterschnitt oder Kratzprobe durchführbar.	

4. Welche Gitterschnittwerte sind hier zu sehen und was bedeuten sie?

Arbeitsblatt 62

Name | **Datum** | **Klasse**

Mineralische Untergründe
zu S. 158 – 159

1. Was sind **mineralische Untergründe**?
   _____

2. Ergänzen Sie die Tabelle.

Mineralische Untergründe		
natürliche	gebundene	gebrannte

3. Beschreiben Sie die unterschiedlichen **Eigenschaften** der mineralischen Untergründe.

Eigenschaften	Beschreibung	Untergrundprüfung
Festigkeit (Druck)		durch Kratz- oder Nagelprobe
Härte/Dichte		durch Klangprobe *Je härter ein Baustoff, desto heller klingt er.*
Oberflächenstruktur		durch Anschauen *Je rauer die Oberfläche, desto besser ist die Haftung.*
Saugfähigkeit/ Kapillarität		durch Benetzungsprobe *Je poröser ein Baustoff, desto größer ist das Saugvermögen.*
Alkalität		durch Indikatorpapier *pH-Werte:* *1 bis 6 = sauer, 7 = neutral,* *8 bis 14 = alkalisch*
Wetterbeständigkeit (Zerfall durch Abgase)		durch Anschauen *Feuchte Baustoffe sind nicht frostbeständig.*
Wärmedämmung		durch Anschauen *Je poröser der Baustoff, desto besser die Wärmedämmung.*

Arbeitsblatt 63

| Name | Datum | Klasse |

Putze und Mörtelgruppen   zu S. 160 – 162

1. Erklären Sie den Begriff „Putze".

   _____
   _____

2. Ergänzen Sie das Schema.

   Zusammensetzung von Putzmörtel

   Bindemittel ⇨ _____
   +
   Zuschlagstoffe ⇨ _____
   +
   Anmachwasser ⇨ _____
   =
   Putzmörtel ➡ _____

3. Nennen und beschreiben Sie die Bindemittelarten und Eigenschaften der **Putzmörtelgruppen**.

Mörtel-gruppen	Bindemittel	Eigenschaften und Verwendung
P I	– _____ – _____ – _____ – _____	_____ _____ _____ *Putze für innen und außen*
P II	– _____ – _____ – _____	_____ _____ *Putze für innen und außen, als Unterputz und für den Keller- und Sockelbereich*
P III	– _____	_____ _____ _____ *für wassersperrende Putze innen und außen, in Kellern, Feuchträumen und im Sockelbereich*
P IV	– _____ – _____	_____ _____ _____ *nur für den Innenbereich, meist für einlagige Innenputze im Wohnbereich*

© Westermann Gruppe

Arbeitsblatt 64

Name | **Datum** | **Klasse**

Aufgaben der Putze zu S. 162 – 163

1. Warum gehören **Kalk- und Zementmörtel** zu den gefährlichen Arbeitsstoffen?

   _____
   _____
   _____

2. Benennen Sie die vier **Aufgaben der Putze**.

3. Zählen Sie fünf verschiedene **Putzstrukturen** auf.

   _____
   _____
   _____

> Putze werden ein- oder zweilagig (ein- oder zweischichtig) von Hand oder mit Putzmaschinen verarbeitet.

4. Welche Einsatzgebiete haben **ein- oder zweilagige Putze**?

einlagig	Einsatzgebiete	zweilagig
	einlagig = _____ zweilagig = _____	

Bildnachweis: BC GmbH Verlags- und Medien-, Forschungs- und Beratungsgesellschaft 68.1 | Jouve Germany GmbH & Co. KG 68.2–68.7

Name | **Datum** | **Klasse**

Arbeitsblatt 65

Putzrisse und ihre Auswirkungen zu S. 163 – 164

1. Welche Auswirkungen haben **Putzrisse**?
   _____
   _____
   _____
   _____

2. Benennen Sie die **Rissarten** und beschreiben Sie die passende Rissarmierung.

Rissarten	Beschreibung und Beseitigung
_____	sind feine Putzrisse, die auch als Haar- und Netzrisse bezeichnet werden. Sie können durch zu schnelle Trocknung und falsche Zusammensetzung des Mörtels entstehen. – _____ – _____
_____	Fugen und Mauerwerksrisse sind Risse, die an Stoß- und Lagerfugen der Bausteine auftreten. Sie entstehen meistens durch Verputzen von noch feuchtem, schlecht durchgetrocknetem Mauerwerk. – _____ – _____
_____	sind Einzel- oder Setzrisse, die zwischen Bauteilen durch Baugrundabsetzung oder Erschütterung des Baukörpers entstehen. Es sind auch sogenannte statische Risse, weil sie oft durch das gesamte Mauerwerk reißen. – _____ – _____

3. Was ist bei der **Verarbeitung von Armierungssystemen** unbedingt zu beachten?
   _____
   _____
   _____

Bildnachweis: Jouve Germany GmbH & Co. KG

© Westermann Gruppe

Arbeitsblatt 66

Name | **Datum** | **Klasse**

Mineralische Untergründe: Beton   zu S. 171 – 174

1. Schreiben Sie die **Bestandteile von Beton** in das vorgegebene Schema.

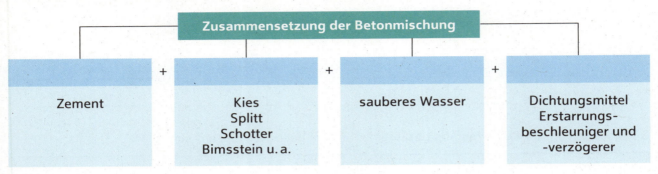

```
Zusammensetzung der Betonmischung

Zement   +   Kies       +   sauberes Wasser   +   Dichtungsmittel
             Splitt                                Erstarrungs-
             Schotter                              beschleuniger und
             Bimsstein u. a.                       -verzögerer
```

2. Erklären Sie den Begriff „**Stahlbeton**".
   _____
   _____

3. Nennen Sie wichtige **Betoneigenschaften**.
   _____

> Beton kann Schäden aufweisen, die vor einer Beschichtung beseitigt werden müssen.

4. Schreiben Sie zu den angegebenen **Betonmängeln** die jeweiligen Ursachen.

Betonmängel	Ursachen
Trennmittelrückstände und Schmutz	– _____ – _____
Risse und Betonabsprengungen	– _____ – _____
Schimmelpilze, Moos- und Algenbewuchs	– _____ – _____
Poren, Lunker und Kiesnester	– _____ – _____

Bildnachweis: Kober, Gerold

5. Wie kann Beton vorbeugend gegen **Alkalitätsverlust** geschützt werden?
   _____

Arbeitsblatt 67

Name	Datum	Klasse

Betoninstandsetzung   zu S. 174 – 176

1. Nennen Sie die **Materialien** für eine **Betoninstandsetzung**.

   • _____
   • _____
   • _____
   • _____

2. Ordnen Sie die **Betoninstandsetzungssysteme** der Beschreibung zu.

Korrosionsschutz durch 2K Epoxidharz (organisches System)	Die entrostete Bewehrung wird mit einer Zementschlämme als Haftbrücke vollständig behandelt. Anschließend sind die Ausbruchstellen mit Reparaturmörtel aufzufüllen.
Korrosionsschutz zementgebunden (mineralisches System)	Die entrostete Bewehrung wird mit reaktionshärtenden Epoxidharz-Rostschutz zweimal behandelt. Zur besseren Haftung des Betonersatzmörtels wird die Korrosionsschutz Beschichtung mit Quarzsand abgesandet.

3. Ergänzen Sie folgenden **Merksatz**.

> **Die Anforderungen an einen guten _____ in ausreichender Schichtdicke werden nur von folgenden Beschichtstoffen erreicht:**
> **Spezialdispersionsfarben, 2K-Acrylatfarben, _____, Polymerisatharzfarben, _____ und Polyurethanlacken.**

4. Bennen oder beschreiben Sie folgender **Beschichtungssysteme** oder ihre **Aufgaben**.

Farblose Anstriche (Imprägnierungen)	_____
_____	Anstriche mit Betonlasur erhalten die natürliche Betonstruktur und schützen die Betonoberfläche. Sie helfen auch Farbtöne an anderen Betonflächen auszugleichen.
Deckende Anstriche und Putze	_____

5. Was sind die **Mindestanforderungen** an guten Betonschutz?

   _____
   _____

© Westermann Gruppe

Arbeitsblatt 68

| Name | Datum | Klasse |

Gipskartonplatten zu S. 178 – 180

1. Beschreiben Sie den Aufbau und die Verwendung von **Gipskartonplatten**.

   Aufbau: _____

   _____

   _____

   Verwendung: _____

   _____

   _____

   Jouve Germany GmbH & Co. KG

2. Welche **Vorteile** haben Gipskartonplatten als sogenannter **Trockenputz**?

   _____

   _____

   _____

3. Benennen Sie die **Gipskartonplattenarten** nach ihrer bauüblichen Bezeichnung.

Gipsplatte A (GKB)	
Gipsplatte F (GKF)	
Gipsplatte H (GKBI)	

4. Welche anderen **Gipskartonplatten** gibt es außerdem noch?

   _____

   _____

   _____

5. In welchen **Abmessungen** werden Gipskartonplatten geliefert?

   _____

   _____

6. Beschreiben Sie die beiden **Befestigungstechniken von Gipskartonplatten**.

   - _____

     _____

   - _____

     _____

Arbeitsblatt 69

| Name | Datum | Klasse |

Trockenbauwände zu S. 180

> Zur Befestigung werden Gipskartonplatten meistens auf eine Unterkonstruktion aus Holz oder Metall verschraubt. Heute sind Metallständerwände, die aus Metallprofilen bestehen, Standard.

1. Schreiben Sie zu den **Materialien** von **Trockenbauwänden** die Verwendung.

    a) UW-Profile _____

    b) CW-Profile _____

    b) Gipsplatten _____

    c) Dämmung _____

2. Benennen Sie die abgebildeten **Materialien**, **Werkzeuge** und **Geräte**

Materialien	Benennung	Werkzeuge und Geräge	Benennung

Arbeitsblatt 70

Name	Datum	Klasse

Verspachtelung zu S. 181 und 182

> Nach der Plattenmontage werden die Fugen und die versenkten Schraubenlöcher verspachtelt. Je nach Bedarf werden Bewehrungsstreifen aus Glasfaser ein gespachtelt.

1. Welche **Spachtelmassen** werden bei der **Verspachtelung von Hand** und **maschinell** verwendet?

   _____
   _____
   _____

2. Schreiben Sie die **Qualitätsanforderungen** bei den verschiedenen **Q-Stufen** in die Tabelle.

Verspachtelung	Qualitätsanforderungen
Qualitätsstufe 1	Q1 Grundverspachtelung • _____ • _____ • _____ • _____
Qualitätsstufe 2	Q2 Standardverspachtelung • _____ • _____
Qualitätsstufe 3	Q3 Sonderverspachtelung • _____ • _____ • _____ • _____
Qualitätsstufe 4	Q4 Vollverspachtelung • _____ • _____ • _____

Bildnachweis: Knauf Gips KG

3. Ergänzen Sie folgenden **Merksatz**.

   Als _____ für Gipsplatten gibt es verschiedene _____,
   Glättkelle und Spachtelautomaten, die ein schnelles und _____ gewährleisten.
   Dadurch wird der _____ reduziert und auch die anschließende Schleifarbeit.

Arbeitsblatt 71

Name	Datum	Klasse

Energetische Sanierung   zu S. 185 und 186

1. Erklären Sie die **energetische Sanierung** eines Gebäudes.

   _____
   _____
   _____
   _____

2. Kreuzen Sie die richtigen **Aussagen** über **Energieeinsparverordnung** (EnEV) an.

   ☐ Die fachgerechte Dämmung von Gebäuden ist nach der EnEV Pflicht.
   ☐ Die EnEV verlangt eine Verringerung der Wärmeverluste von Gebäuden.
   ☐ Die Dämmung von Gebäuden ist nach der EnEV nicht verbindlich erforderlich.
   ☐ Die Dämmmaßnahmen nach EnEV sparen Energiekosten und schützen das Klima.

3. Ergänzen Sie folgenden **Merksatz**.

   > Die Anforderungen der EnEV werden von einer _____ durch ein _____ optimal erreicht. Bei einer kompletten Wärmedämmung der _____, spricht man von _____.

4. Welche weiteren **Gründe** gibt es **für eine Wärmedämmung**?

   • _____
   • _____

5. Ergänzen Sie die Tabelle, indem Sie die **Wärmeleitfähigkeit** beschreiben.

Wärmeleitfähigkeit ($\lambda = W / m \cdot K$)	_____ _____ _____ _____ _____	**Wärmeleitzahl (λ)** *Je niedriger die Wärmeleitzahl eines Stoffes, desto besser die Wärmedämmung.*
Wärmedurchgangsmenge (U-Wert = W / m × K)	Die Wärme wird von der Luft an die Innenwand abgegeben (Wärmeübergangszahl). Die Wärme wird durch die Wand nach außen abgegeben (Wärmedurchlasszahl). Wärme wird wieder an die kalte Außenluft abgegeben (Wärmeübergangszahl)	**Wärmedurchgangszahl (U-Wert)** *Der U-Wert gibt die Wärmemenge an, die in einer Sekunde durch 1 m² eines Bauteils strömt.*

© Westermann Gruppe

Arbeitsblatt 72

| Name | Datum | Klasse |

Wärmedämmung zu S. 185 – 186

1. Was bedeutet der Begriff „Wärmeverluste"?

   _____
   _____
   _____
   _____

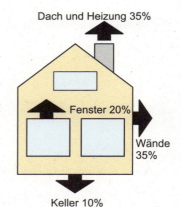

2. Wodurch werden die Anforderungen der **Wärmschutzverordnung** optimal erreicht?

   _____
   _____

3. Beschreiben Sie die **Außendämmung** im Vergleich zur **Innendämmung**.

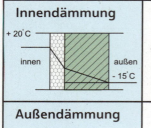

Innendämmung	– ist auch für einzelne Räume anwendbar – die Außenwände werden nur gering erwärmt – der Taupunkt (0 °C) liegt in der Wand, das führt zu Schwitzwasser und Schimmelbildung – schnelles Aufwärmen und Abkühlen der Räume – durch feuchte Außenwände evtl. ungesundes Wohnklima
Außendämmung	– _____ – _____ – _____ – _____ – _____

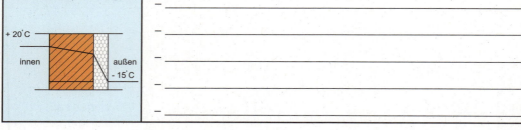

4. Welche porösen Stoffe eignen sich als **Wärmedämmstoffe**?

   _____
   _____
   _____

5. Ergänzen Sie folgende Merksätze.

   Stoffe mit vielen Hohlräumen sind _____ **schlechte**
   _____ **aber** _____ **Wärmedämmer.**
   Je poröser ein Stoff, desto besser ist die _____ .

Bildnachweis: Jouve Germany GmbH & Co. KG

Arbeitsblatt 73

| Name | Datum | Klasse |

Wärmedämmverbundsysteme zu S. 186 – 189

1. Was sind **Wärmedämmverbundsysteme** (WDVS)?

   _____
   _____
   _____

2. Benennen Sie die einzelnen **Elemente eines Wärmedämmverbundsystems**.

   _____
   _____
   _____
   _____
   _____

3. Benennen Sie die zwei **Wärmedämmhauptsysteme** und beschreiben Sie deren Eigenschaften.

Systeme	Eigenschaften
_____ mit Polystyrolhartschaum- und Holzfaserplatten und Dispersionswerkstoffen	– _____ – _____ – _____ – _____
_____ mit Mineralfaserplatten und mineralischen Werkstoffen	– _____ – _____ – _____ – _____

4. Welche drei **Befestigungsarten der Wärmedämmplatten** werden unterschieden?

   • _____
   • _____
   • _____

Bildnachweis: Jouve Germany GmbH & Co. KG

Arbeitsblatt 74

Name	Datum	Klasse

Metalluntergründe zu S. 191 – 192

1. Nennen Sie verschiedene **Metalluntergründe**.
   _____
   _____

2. Schreiben Sie Beispiele zu folgenden **Metallarten**.

   Leichtmetalle: _____

   Schwermetalle: _____

   Edelmetalle: _____

   Buntmetalle: _____

   Metallgemische: _____

3. Benennen Sie die beiden **Metallgruppen** anhand der Beispiele.

_____	Eisen, Stahl, Gusseisen
_____	Aluminium, Blei, Kupfer, Zink, Zinn

4. Beschreiben Sie die **Eisen- und Nichteisenmetalle**.

Eisenmetalle (E-Metalle) *Rostschicht / Stahl*	_____
Nichteisenmetalle (NE-Metalle) *Oxidschicht / Nichteisenmetall*	_____

5. Welche wichtigen **Eigenschaften** zeichnen Metalle aus?
   _____
   _____

6. Ergänzen Sie folgenden **Merksatz**.

   > Metalle bilden durch Witterungseinflüsse _____ Oberflächen, dabei ist _____ durch Korrosion oder _____ durch Oxidschichten möglich.

   Bildnachweis: Jouve Germany GmbH & Co. KG

Arbeitsblatt 75

Name	Datum	Klasse

Korrosion zu S. 192 – 193

1. Was versteht man unter dem Begriff „Korrosion"?
   _____
   _____

2. Ergänzen Sie folgenden **Merksatz**.

   > **Bei Eisen und Stahl bedeutet Korrosion** _____.

3. Erläutern Sie die **Rostbildung** und ergänzen Sie die Formel von Rost.
   _____
   _____
   _____

Eisen Fe	+	Sauerstoff O	+	Wasser H_2O	=	_____ $Fe(OH)_2$

4. Erklären Sie den Begriff „**Rostgrade**".
   _____

5. Beschreiben Sie die **Flächen-** und die **Kontaktkorrosion**.

Korrosionsarten	Beschreibung
Flächenkorrosion	_____ _____ _____ _____
Lochfraßkorrosion	Die Lochfraßkorrosion beginnt an der Oberfläche und zerstört den Stahl auch in der Tiefe. Es entstehen Durchlöcherungen, z. B. im Blech von Fahrzeugen.
Kontaktkorrosion (Fe, Cu)	_____ _____ _____ _____
Unterrostung (Anstrich, Stahl, Rost)	Das Wasser dringt in einen rissigen Anstrich ein und führt dort zu Rostbildung. Dadurch wird der Anstrich teilweise oder auch ganz abgesprengt.

   Bildnachweis: Jouve Germany GmbH & Co. KG

Arbeitsblatt 76

Name	Datum	Klasse

Entrostung zu S. 193 – 195

1. Was beschreibt der **Oberflächenvorbereitungsgrad** (Normreinheitsgrad)?

   _____
   _____

2. Ergänzen Sie die Tabelle über die **Oberflächenvorbereitungsgrade**.

Vorbereitungs-grade	Verfahren	Beschreibung
Sa 1	Strahltechnik (Sandstrahlen)	**Lose** Walzhaut, loser Zunder, Rost, Altbeschichtungen und artfremde Verunreinigungen **sind entfernt**
Sa 2		_____
Sa 2 ½		W, Z, R, B, V **sind entfernt.** Verbleibende Spuren sind höchstens als leichte, fleckige oder streifige Abstufungen zu erkennen.
Sa 3		W, Z, R, B, V **sind entfernt.** Die Oberfläche muss ein **einheitliches metallisches Aussehen** haben
St 2	_____	_____
St 3	_____	**Fast alle** W, Z, R, B, V **sind entfernt.** Die **Oberfläche** muss viel **gründlicher bearbeitet sein** als St 2 bis sie metallischen Glanz aufzeigt.
Fl	_____	W, Z, R, B, V **sind entfernt.** Verbleibende Rückstände dürfen sich nur als Verfärbung der Oberfläche abzeichnen.
Be	**Beizen mit Säure**	_____ **Altbeschichtungen müssen** vor dem Beizen mit Säure mit geeigneten Entschichtungsverfahren **entfernt werden**.

3. Ergänzen Sie die **Tabelle mit Werkzeugen** und Geräten für Entrostungsarbeiten.

_____ (manuelle Entrostung)	Werkzeuge	
_____ (maschinelle Entrostung)	Maschinen	
_____ (Strahlentrostung)	Geräte	

Bildnachweis: STORCH Malerwerkzeuge & Profigeräte GmbH 80.1-80.3, 80.6 | Robert Bosch Power Tools GmbH 80.4-80.5 | EP Power Minerals GmbH 80.7 | SATA GmbH & Co. KG 80.8-80.9

Name	Datum	Klasse

Arbeitsblatt 77

Korrosionsschutz   zu S. 195 – 196

1. Wodurch können Maler/-innen und Lackierer/-innen **Eisenmetalle** vor Rost schützen?
   _____

2. Nennen Sie Grundvoraussetzungen für einen dauerhaften **Korrosionsschutz** durch Beschichtungen.
   - **Untergrundprüfung** _____
   - _____ durch Reinigen, Entfetten und Entrosten
   - **Beschichtungsstoff** _____
   - _____ mit ausreichender Schichtstärke von 160 µm

3. Ergänzen Sie folgenden **Merksatz**.

   > **Korrosionsschutzsysteme bestehen aus Grund-** _____ .
   > **Die Gesamtschichtdicke soll mindestens** _____ **µm betragen.**

4. Beschreiben Sie die **Aufgaben** eines

Rostschutzgrund-anstrichs	
Rostschutzdeck-anstrichs	

5. Nennen Sie **wichtige Rostschutzpigmente**.
   _____

6. Beschreiben Sie folgende **Bindemittel für Korrosionsschutzanstriche**.

Alkydharze	
Epoxidharze	
Polyurethanharze	
Acrylharze	
Chlorkautschuk	
Bitumen	

© Westermann Gruppe

Arbeitsblatt 78

| Name | Datum | Klasse |

Nichteisenmetalle zu S. 196 – 198

1. Warum sind **Nichteisenmetalle** schwierige Untergründe?

   _____
   _____

2. Ergänzen Sie folgenden **Merksatz**.

   > Für die dauerhafte Beschichtung von Nichteisenmetallen sind _____
   > und _____ erforderlich.

3. Beschreiben Sie die **Reinigung einer Zinkoberfläche** vor einer Beschichtung.

Beschreibung der Netzmittelwäsche	Zusammensetzung des Reinigungsmittels

4. Benennen Sie geeignete **Beschichtungssysteme auf Zink** und verzinkten Bauteilen und vervollständigen Sie den Anstrichaufbau.

   - _____
   - _____
   - _____
   - _____

   Anstrichaufbau (Stahl)

5. Welche **Haftgrundierungen** sind für Aluminium erforderlich?

   _____
   _____

6. Aus welchem Grund wird **Kupfer farblos** beschichtet (lackiert)?

   _____
   _____

Arbeitsblatt 79

Name	Datum	Klasse

Holzuntergründe zu S. 200 – 202

1. Nennen Sie verschiedene **Holzuntergründe**.
   _____
   _____

2. Benennen Sie die **Teile des Stammquerschnittes** und der **Holzzellen**.

   Jouve Germany GmbH & Co. KG

3. Benennen Sie die **Holzbestandteile**.
   _____
   _____
   _____

4. Nennen Sie bekannte **Holzinhaltstoffe**.
   _____

5. Nennen Sie je vier **inländische Laub- und Nadelhölzer**.
   _____
   _____

6. Ergänzen Sie folgenden **Merksatz**.

   Laubhölzer können sowohl Weich- als auch _____ **sein.**
   Nadelhölzer sind dagegen immer _____ **.**

7. Was sind „tropische Hölzer" und welche Nachteile haben sie bei einer Beschichtung?
   _____
   _____
   _____
   _____

© Westermann Gruppe

Arbeitsblatt 80

Name	Datum	Klasse

Holzfeuchtigkeit zu S. 202 – 203

1. Welche Auswirkungen hat die **Feuchtigkeit** auf das Holz?
   _____
   _____
   _____

2. Beschreiben Sie folgende **Holzzustände**.

Quellen	_____
Schwinden	_____

Bildnachweis: Jouve Germany GmbH & Co. KG

3. Welcher Begriff bezeichnet das **Quellen und Schwinden** des Holzes?
   _____

4. Warum und womit soll die **Feuchtigkeit** des Holzes gemessen werden?
   _____
   _____

5. Wie hoch darf bei den verschiedenen **Holzarten** die Holzfeuchtigkeit maximal sein?

Außenbeschichtungen	– _____	– _____
	– _____	– _____
	– _____	– _____
Innenbeschichtungen	– _____	

6. Welche **Anstrichschäden** entstehen durch zu hohe Holzfeuchtigkeit?
   _____
   _____

Holzwerkstoffe

Arbeitsblatt 81

| Name | Datum | Klasse |

zu S. 203 und 204

1. Erklären Sie den Begriff „Holzwerkstoffe".

   _____
   _____

2. Ergänzen Sie in der Tabelle die **Beschreibung** bzw. die **Verwendung** zu den **Holzwerkstoffen**.

	Holzwerkstoffarten	Beschreibung	Verwendung
Sperrhölzer	Furnierplatte (Furnierschichtholz)	**Sperrholz** wird durch kreuzweises Verleimen von mindestens drei dünnen Holzschichten (Furnieren) auch wasserfest hergestellt. Das Holz ist gegen Quellen und Schwinden gesperrt.	
	Tischlerplatte (Baustabsperrholz)	Diese **Verbundplatten** besitzen eine Innenlage aus Vollholzstreifen (Stabfüllung) mit beidseitiger dünner Holzfurnierschicht. Tischlerplatten sind sehr belastbar.	
Spanplatten	Holzspanplatte (Mehrschicht)	**Spanplatten** werden aus Holzspänen hergestellt und mit Kunstharzleim in einer Form zusammengepresst (Pressplatten). Auch als wasserfeste Ausführung und mit Holz- oder Kunststoff-Beschichtung.	
	OSB-Platte (Oriented Strand Board)	**Grobspanplatten** bestehen großflächigen Furnierstreifen oder Holzspänen. Es sind mindestens drei Lagen, die in der gleichen Richtung ausgerichtet und verleimt sind.	

Bildnachweis: stock.adobe.com, karyakinvitaliy 85.1, 85.4 | Broszeit GmbH 85.2 | Hansa Holz Wilhelm Krüger GmbH 85.3

Arbeitsblatt 81

| Name | Datum | Klasse |

Holzwerkstoffe

zu S. 204

Holzwerkstoffarten		Beschreibung	Verwendung
Holzfaserplatten	**MDF-Platte** (Mitteldichte Faserplatte)	MDF-Platten sind **mitteldichte Holzfaserplatten**, die aus feinen Holzteilchen unter Druck gepresst sind. Mit Verleimung entstehen sehr feste, wetterbeständige Platten mit glatter Oberfläche.	_____
	Hartfaserplatte	Bestehen aus Holzfasern und werden mit oder ohne Leim, dicht oder weniger dicht gepresst. Es gibt harte, mittelharte, poröse und kunststoffbeschichtete Holzfaserplatten.	Im Möbelbau, z. B. für Rückwände und Schubkastenböden. Beschichtet werden sie für dekorative Wandbekleidungen verwendet.
	Weichfaserplatte (Naturbaustoffe)	Es sind poröse Faserplatten, da sie aus Fasern von Nadelhölzern hergestellt werden. Die feuchten Holzfasern verkleben, ohne Leim, miteinander und bilden bei Trocknung eine verfilzte Struktur.	_____
	Holzwolleplatte (Leichtbauplatten)	_____	Als Putzträger im Rohbau und an Fassaden. Für Schall- und Wärmedämmung, z. B. Betonstürzen und -decken, und für Brandschutz.

Bildnachweis: stock.adobe.com, Dragan 86.1-86.2 | STEICO SE 82.3 | Schug, Paul 86.4

Arbeitsblatt 82

| Name | Datum | Klasse |

Holzvorbehandlung zu S. 205 – 208

1. Warum sollte Holz durch **Anstriche** geschützt werden?
   _____
   _____

2. Welche Arbeitsschritte gehören zu einer **Holzvorbehandlung**?
   - _____
     _____
   - _____
     _____

3. Schreiben Sie zu den folgenden **Untergrundmängeln** die erforderliche Vorbehandlung.

Untergrundmangel	Vorbehandlung
Unebenheit, Poren, Risse, abstehende Holzfasern	–
Harzausfluss aus Harzgallen	–
Holzinhaltstoffe bei tropischen Hölzern	–
Scharfe Kanten und waagerechte Fensterprofile (falsch / richtig)	–
Tragfähigkeit alter Anstriche	–

© Westermann Gruppe

Arbeitsblatt 83

Name	Datum	Klasse

Kunststoffuntergründe   zu S. 212 – 213

1. Nach welchen Gesichtspunkten werden die **Beschichtungssysteme auf Holz** ausgewählt?

   _____

   _____

2. Ergänzen Sie die **Übersicht der Anstrichsysteme**.

Beschich-tungssysteme	Deckend	Lasierend	Farblos
Merkmale	– _____ – _____ – _____	– _____ – _____ – _____	– _____ – _____ – _____
Vorteile	– _____ – _____ – _____	– _____ – _____ – _____	– _____ – _____ – _____
Nachteile	– Holzstruktur nicht sichtbar – aufwendige Renovierung	– nur teilweise UV-geschützt	– nicht UV-geschützt
Beschich-tungsstoffe	– _____ – _____	– _____ – _____	– _____ – _____

3. Welche Anstrichstoffe eignen sich für **Außenbeschichtungen** auf nicht maßhaltigem bzw. maßhaltigem Holz?

nicht maßhaltiges Holz (z. B. Verbretterungen)	_____
maßhaltiges Holz (z. B. Türen und Fenster)	_____

4. Benennen Sie die **Schichten eines deckenden Anstriches** auf Außenholz.

   _____

Bildnachweis: Jouve Germany GmbH & Co. KG

Arbeitsblatt 84

Name	Datum	Klasse

Kunststoffarten zu S. 213

1. Nennen Sie **Kunststoffuntergründe**, die von Maler/-innen und Lackierer/-innen beschichtet werden.

   _____
   _____
   _____

2. Definieren Sie den Begriff „**Kunststoffe**".

   _____
   _____
   _____

3. Nennen Sie verschiedene **Kunststoffeigenschaften**.

   _____
   _____
   _____

4. Ergänzen Sie die **Einteilung und Arten der Kunststoffe**.

Struktur	Fadenstruktur	engmaschige Netzstruktur	weitmaschige Netzstruktur
Moleküle	nicht vernetzte Riesenmoleküle	stark vernetzte Riesenmoleküle	gering vernetzte Riesenmoleküle
Bezeichnung	_____	_____	_____
Verformbarkeit	warm verformbar	nicht verformbar	dauerelastisch
Beschichtung	_____	_____	_____
Eigenschaften	bei Erwärmung plastisch verformbar, bei Abkühlung wieder fest werdend, schmelz- und schweißbar	_____	gummielastisch, nicht schmelz- und schweißbar, Elastizität weitgehend temperaturabhängig, quellbar

5. Nennen Sie Zugaben bei der **Kunststoffherstellung** und ihre Aufgaben.

   _____
   _____

Arbeitsblatt 85

Name | **Datum** | **Klasse**

Kunststoffbeschichtungen
zu S. 214

1. Benennen Sie die **Kunststoffe** nach den genormten **Kurzzeichen** bzw. beschreiben Sie die **Einsatzgebiete** dieser Kunststoffe.

Kunststoffart (Handelsnamen)	Kurzzeichen	Einsatzgebiete
Plastomere		
Hart-Polyvinylchlorid (Hostalit, Vestolit, u. a.)	PVC h (Hart-PVC)	
Weich-Polyvinylchlorid (Pegulan, u. a.)	PVC w (Weich-PVC)	
_____ (Styropor)	PS	Platten, Möbelbau, Küchengeräte, Formteile, geschäumt als Wärmedämmstoff (Styropor) und als Untertapeten (Thermopete)
_____	PE	Planen, Folien, Behälter, Rohre, Geländer, Ausstattungsstoffe
Polypropylen	PP	Geräte, Verpackungen, Gehäuse, Rohre, Zäune, Bauplatten
Polykarbonate	PC	
_____	PA	Chemiefaser (Nylon), Maschinenteile, Heizöltanks
Polymethylmethacrylat (Acrylglas o. Plexiglas)	PMMA	
Duromere		
Phenol- und Melaminharze (Bakelit und Resopal)	PF/MF	
_____ (Vestopal)	UP	Gießharz, glasfaserverstärkte Wellplatten oder Boote, Sitzmöbel, Karosserien, Wohnwagen, Fensterbänke, Gewächshäuser, Polyesterspachtel, Beschichtungen
_____ (Desmodur)	PUR	Isolier- und Dekorationsschaum, Hartschaumplatten (Dämmplatten), Beschichtungen
Epoxide	EP	
Elastomere		
Polyurethanschaum (Moltopren)	PUR	
_____ (Silopren)	SI	Dichtungsmassen (Dichtstoffe)

Name	Datum	Klasse

Arbeitsblatt 86

Kunststoffbeschichtungen II zu S. 215 – 217

1. Warum sollten Kunststoffe durch **Anstriche** geschützt und verschönert werden?

   _____
   _____
   _____
   _____

2. Nennen Sie **Gründe** für eine …

Innenbe-schichtung	– _____ – _____ – _____ – _____ – _____
Außenbe-schichtung	– _____ – _____ – _____ – _____ – _____

3. Warum sind **Kunststoffe** schwierige Anstrichuntergründe?

   _____
   _____
   _____

4. Welche weiteren **Mängel** weisen Kunststoffe oft vor ihrer Beschichtung auf?

   • Formtrennmittel wie Silicone und Wachse
   • _____
   • _____
   • _____
   • _____

5. Ergänzen Sie folgenden **Merksatz**.

   > Vor dem Anstrich ist in jedem Fall eine gründliche _____ erforderlich.

© Westermann Gruppe

91

Testaufgaben

Name	Datum	Klasse

1. Welcher wichtige **Grundsatz** ist **bei Kunststoffbeschichtungen** zu beachten?
   _____

2. Warum sind für eine **Beschichtung von Kunststofffenstern und -türen** dunkle Farbtöne ungeeignet?
   _____
   _____

3. Ergänzen Sie die **Übersicht** über die Beschichtung von Kunststoffflächen.

Erstlackierung	Überholungsanstrich	Innenlackierung
Vorbehandlung		
Reinigung: durch Netzmittelwäsche und durch Abwaschen mit Ablauger. Nachwaschen mit klarem Wasser und Anschleifen mit Nylon- oder Perlonschleifvlies.		
Grundanstrich		
2K-DD-Grund oder 1K-Spezialhaftgrund für Kunststoffe	_____	Spezialhaftgrund für Kunststoffe
Zwischenanstrich		
_____	Spezial-Haftgrund bzw. Vorlackfarbe für Kunststoffe	_____
Schlussanstrich		
Kunstharzlackfarbe oder Acryldispersionslackfarbe	_____	Kunstharzlackfarbe hoch- bzw. seidenglänzend oder Acryldispersionslackfarbe

4. Markieren Sie diejenigen **Beschichtungsstoffe** mit einem +, die für die folgenden Kunststoffarten **geeignet** sind.

Kunststoffart	Beschichtungsstoffe/Bindemittelbasis				
	Alkydharz	Polymerisatharzlack	Polyurethanharz	2K-Epoxidharz	Dispersionslackfarbe
Hart-PVC					
Polystyrol (PS)					
Polyamid (PA)					
Ungesättigter Polyester (UP)					
Epoxidharz (EP)					
Polyurethan (PUR)					
Acrylglas (PMMA)					
Duromere					

Testaufgaben

| Name | Datum | Klasse |

1. Erklären Sie den Begriff „Werkstoffe".

   _____
   _____

2. Notieren Sie die im Malhandwerk genutzten **Werkstoffe**.

   _____
   _____
   _____

3. Kreuzen Sie **lösemittelfreie Werkstoffe** an.

   ☐ Kalk-, Zement- und Silikatfarben
   ☐ ELF-Dispersionsfarben
   ☐ Fassadendispersionsfarben
   ☐ Zelluloseleim und -kleister
   ☐ Biofarben

4. Erklären Sie den Begriff „Beschichtungsstoffe".

   _____
   _____

5. Ordnen Sie richtig zu, wie sich **Anstrichstoffe verdünnen** lassen.

   Dispersionsfarben

   Alkydharzlacke   **mit Lösemittel verdünnbar**

   Silikatfarben

   Epoxidharzlacke   **mit Wasser verdünnbar**

   Dispersionslacke

6. Nennen Sie die abgebildeten **Eigenschaften der Bindemittel**.

Bildnachweis: Jouve Germany GmbH & Co. KG

© Westermann Gruppe

Testaufgaben

| Name | Datum | Klasse |

7. Welche **Bestandteile** bilden den Anstrichfilm?
   _____

8. Ordnen Sie die **Bindemittelarten** den entsprechenden **Beschichtungsstoffen** zu.

   Silikatfarben   Kunststoffteilchen

   Lacke   Harze

   Dispersionsfarbe   Kaliwasserglas

9. Beschreiben Sie das **Bindemittel Kasein**.
   _____
   _____

10. Kreuzen Sie Zutreffendes an.

    Dispersionsfarben

    ☐ Kaltrocknen chemisch.

    ☐ Kaltrocknen chemisch und bilden einen Film.

    ☐ Kaltrocknen physikalisch und bilden einen Film.

11. Beschreiben Sie, was **Naturstoffdispersionen** sind.
    _____
    _____

12. Beschreiben Sie, was während der **Trocknung** mit dem Lösemittel geschieht.
    _____
    _____
    _____

    Jouve Germany GmbH & Co. KG

13. Zu welcher **Gefahrenklasse** gehört das Flammensymbol?

    ☐ A1

    ☐ A2

    ☐ A3   BC GmbH Verlags- und Medien-, Forschungs-
            und Beratungsgesellschaft

    ☐ B

14. Wie können schädliche **Lösemittel** in den Körper gelangen?

    • _____
    • _____
    • _____

| Name | Datum | Klasse |

Testaufgaben

15. Beschreiben Sie den Unterschied zwischen organischen Lösemitteln und Wasser.
    _____
    _____

16. Ordnen Sie den Begriffen die **Bedeutung** zu.

    Pigmente   lösliches Farbmittel

    Farbstoffe   unlösliches Farbmittel

17. Beschreiben Sie die wichtigste **Aufgabe der Pigmente**.
    _____

18. Nennen Sie die drei abgebildeten **Eigenschaften der Pigmente**.

    _____
    _____
    _____

    Bildnachweis: Jouve Germany GmbH & Co. KG

19. Ordnen Sie richtig zu.

                                   Teerpigmente

    Anorganische Pigmente   Mineralpigmente

    Organische Pigmente   Tier- und Pflanzenpigmente

                                   Erdpigmente

20. Kreuzen Sie richtig an.

    Ein Anstrichstoff mit einem hohen **Pigmentanteil** ist:

    ☐ lasierend

    ☐ deckend

    ☐ farblos

21. Beschreiben Sie **Zusatzstoffe** (Additive).
    _____
    _____
    _____

© Westermann Gruppe

Testaufgaben

Name	Datum	Klasse

22. Ergänzen Sie folgenden **Merksatz** über Naturfarben.

> Naturfarben bestehen aus _____ ohne chemische Zusätze, z. B. sind ohne chemische Zusätze, z. B. sind Naturharze _____ von Tieren und Pflanzen.

23. Ordnen Sie den Farben die Beschreibung **richtig zu**.

Kunststoffdispersionsfarben	Sie werden aus nachwachsenden Naturstoffen hergestellt. Die Bindemittelteilchen sind aus Kartoffelstärke, Mais- und Weizenresten.
Naturstoffdispersionsfarben	Sie werden synthetisch hergestellt. Die Bindemittelteilchen (Acrylate oder Acetate) sind aus Erdöl.

24. Für welche Farben gelten die beiden **DIN EN 13300** und **DIN EN 1062-1** Normen?

DIN EN 13300	wasserhaltige Beschichtungsstoffe für Wände und Decken im Innenbereich
DIN EN 1062-1	Beschichtungsstoffe und –systeme auf mineralischen Untergründen und Beton im Außenbereich

25. Welchen großen Vorteil haben **Dispersionssilikatfarben** gegenüber **Reinsilikatfarben**?

_____

26. Ordnen Sie die Qualitätsstufen den Dispersionsfarben zu.

Innenfarben	wetterbeständig
	scheuerbeständig
Fassadenfarben	waschbeständig

27. Schreiben Sie die **Glanzgerade** nach DIN EN 13300 in die Tabelle.

_____
_____
_____
_____

28. Welche Putzarten zeigen die abgebildeten **Putzstrukturen**?

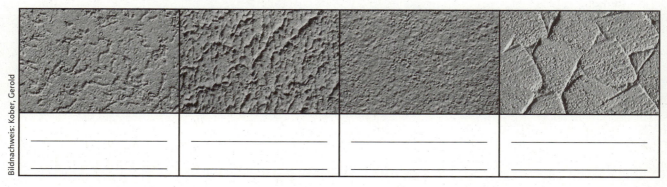

_____	_____	_____	_____
_____	_____	_____	_____

29. Erklären Sie, was sind **ELF-Farben** sind.

_____
_____
_____

30. Kreuzen Sie die richtigen Aussagen über **Siliconharzfarben** an.

☐ Siliconharzfarben haben als Bindemittel Siliconharz und KD-Dispersion.

☐ Der anorganische Grundstoff Silicium kommt als Quarzgestein aus der Erde.

☐ Durch Zugabe von Wasser entsteht eine Siliconharzsuspension.

☐ Sie vereinen die Vorteile von mineralischen und Dispersionsanstrichfarben.

☐ Als wasserverdünnbare und lösemittelarme Farben sind sie sehr umweltfreundlich.

31. Beschreiben Sie **Polymerisatharzfarben**.

_____

32. Ordnen Sie den **lösemittelhaltigen Farben** die passende Beschreibung zu

Wandfarben (Isolierfarben)	Spezialfarben für kritische Innenflächen mit Absperrwirkung gegen Nikotin- und Wasserflecken oder Rußverschmutzungen
Fassadenfarben (Polymerisatharzfarben)	für wetterbeständige, dauerhafte Beschichtungen von Beton, Asbestzement und Putz sowie für Sanierungsanstriche auf moos- und algenbefallenen Fassaden.

33. Welche **Vorteile** haben **lösemittelhaltige Wand- und Fassadenfarben**.

_____

Testaufgaben

Name	Datum	Klasse

34. Warum bekommen Dispersionslacke den **Blauen Umweltengel**? Kreuzen Sie die richtigen Aussagen an.

☐ Weil sie unter 10 % organische Lösemittel enthalten.

☐ Weil sie wasserverdünnbar sind.

☐ Weil sie stark lösemittelreduziert sind.

35. Nennen Sie drei besondere **Eigenschaften von Lacken**.

_____

36. Ordnen Sie richtig zu.

Lacke   ohne Pigmente

Klarlacke   mit oder ohne Pigmente

37. Wie trocknen folgende **Lackarten**?

Lackarten	ölhaltige Lacke	ölfreie Lacke	Kunstharz- und Kunststofflacke
Beispiele	Öllack	Nitrozelluloselack	Epoxidharzlack
Trocknung	_____	_____	_____

38. Welche **Bautenlacke** (Malerlacke) werden unterschieden?

_____

39. Kreuzen Sie richtig an.

Alkydharzlacke trocknen bzw. erhärten

☐ physikalisch durch Verdunsten der Lösemittel.

☐ oxidativ durch Sauerstoffaufnahme.

☐ chemisch durch Reaktion der Bestandteile.

40. Beschreiben Sie **High-Solid-Lacke** und -Farben.

_____

_____

_____

41. Was versteht man unter Blockfestigkeit?

_____

42. Ordnen Sie die **Vor- und Nachteile** der **High-Solids** richtig zu.

Vorteile	geringere Standfestigkeit, nur bedingt spritzbar, langsame Durchtrocknung, Runzelbildung bei dickeren Lackschichten
Nachteile	niedriger VOC-Gehalt, geringe Verdunstung, guter Verlauf und gute Verarbeitung, geringe Geruchsbelastung, bestes Füllvermögen

43. Nennen Sie fünf **Speziallackarten**.
    _____

44. Aus welchen **Komponenten** werden 2K-Lacke zusammengemischt?

45. Ordnen Sie richtig zu.

    Dispersionslacke   lösemittelverdünnbar

    Pulverlacke   keine Löse- und Verdünnungsmittel

    Alkydharzlacke   wasserverdünnbar

46. Ergänzen Sie die Informationen über **wasserverdünnbare Lacke**.

    Alkydharzlacke _____

    Acryllacke _____

    Hydro-PU-Lacke _____

    Hydro-PU-2K-Lacke _____

47. Beschreiben Sie **Wasserlacke**.
    _____
    _____
    _____

48. Nennen Sie **wasserverdünnbare Grundanstrichstoffe**.
    _____
    _____

Testaufgaben

Name	Datum	Klasse

49. Ordnen Sie den **Anstrichschichten** ihre **Aufgaben** zu.

                                      Haftung

Grundanstrich   Schutzwirkung

                                      Korrosionsschutz

Schlussanstrich   Verschönerung

                                      Absperren/Festigen

50. Schreiben Sie zu folgenden Fachbegriffen die **Bedeutung**.

Fungizide (P)	
Insektizide (Iv, Ib)	
Biozide	

51. Schreiben Sie zu den **Gefährdungsklassen von Holz** ihre Bedeutung in Kurzform

0	
1	
2	
3	
4	

52. Ergänzen Sie folgenden Merksatz über **Dünn- und Dickschichtlasuren**.

> Die _____ ist eine offenporige, meist _____ Holzschutzlasur mit weniger weniger Bindemittel, die tief in das Holz eindringen kann. Die _____ enthält mehr _____ , bildet einen Anstrichfilm auf der _____ und somit einen guten Wetterschutz.

53. Ordnen Sie den **Lasurenarten** ihre **Aufgaben** zu.

    Holzlasuren   Holz- und Wetterschutz

    Holzschutzlasuren   Holzveredlung

Testaufgaben

54. Ordnen Sie richtig zu.

offenporige Holzlasur

für maßhaltige Holzbauteile

Lacklasuren

schichtbildende Holzlasur

Imprägnierlasur

für nicht maßhaltige Holzbauteile

55. Ergänzen Sie folgenden **Merksatz**.

> **Holzlasuren können die schädlichen** _____ **abschirmen und das Holz vor** _____ **schützen.**

56. Kreuzen Sie richtig an.

Brandschutzmittel sollen …

☐ Holzbaustoffe schwerentflammbar machen.

☐ Brände verhindern und die Feuerwehr ersetzen.

☐ die Feuerwiderstandsdauer von Stahl erhöhen.

57. Welche Arten von **Dichtstoffen** werden unterschieden?

_____

58. Ordnen Sie die sechs **Spachtelwerkstoffe** den drei Hauptgruppen zu.

Wässrige Spachtelmassen	Gipsspachtel
	Ölspachtel
	Dispersionsspachtel
1K-Spachtel	Polyesterspachtel
	Alkydharzspachtel
2K-Spachtel	Epoxidharzspachtel

59. Schreiben Sie in Kurzform, wie eine **Vergoldung** ausgeführt wird.

_____

_____

© Westermann Gruppe

Testaufgaben

Name | Datum | Klasse

60. Beschreiben Sie in Kurzform folgende **Vergoldungsarten**.

    Matt- und Ölvergoldung _____

    Polimentvergoldung _____

    Hinterglasvergoldung _____

61. Welche Arten von **Blattmetallen** gibt es?
    _____

62. Welche Verwendung haben **Löse- und Entfettungsmittel**?
    _____

63. Wie müssen sich Maler/-innen bei der **Verarbeitung von Abbeizfluid** schützen?
    _____
    _____

64. Ordnen Sie den **Kleisterarten** die **Einsatzgebiete** zu.

    Normalkleister   für Raufasertapeten

    Spezialkleister   für Gewebetapeten

    Textiltapetenkleister   für Papiertapeten

65. Benennen Sie die vier Bestandteile des **Schleifpapieraufbaus**.

66. Ergänzen Sie folgenden **Merksatz**.

    Je _____ die Zahl auf dem Schleifpapier, desto _____ ist die Körnung und damit auch der Schliff.

67. Ordnen Sie die **Schleifvliessorten** den **Kornarten** zu.

    Typ A rot/braun   Korund (Aluminiumoxid)

    Typ S grau   Siliziumcarbid

68. Ergänzen Sie folgenden Merksatz über **Klebebänder**.

    Wenn das _____ genau auf die Anwendung abgestimmt wird, dann gelingt ein perfektes Ergebnis. So können unnötige _____ vermieden werden.

Testaufgaben

Name | Datum | Klasse

69. Nennen Sie fünf wichtige Punkte zur **Klebebandauswahl**.

- _____
- _____
- _____
- _____
- _____

70. Welche **Einsatzgebiete** haben folgende **Klebebandarten**?

Papierklebeband _____

Präzisionsklebeband _____

Gewebeklebeband _____

Kunststoffklebeband _____

71. Schreiben Sie fünf weitere oft verwendete **Abdeckmaterialien** auf.

_____
_____

72. Nennen sie Qualitätsanforderungen an Tapeten.

_____

73. Beschreiben Sie die **ökologischen Kennzeichnung** von Tapeten

BLAUER ENGEL / DAS UMWELTZEICHEN	
RAL GÜTEZEICHEN TAPETEN	

Bildnachweis: RAL gGmbH

74. Ergänzen Sie folgenden **Merksatz** über **Gütebestimmungen für Tapeten**.

Diese _____ werden ständig von neutralen Instituten überprüft. Die Siegel stehen für die Nachhaltigkeit, geben _____ und garantieren die _____ der ausgezeichneten Tapeten.

© Westermann Gruppe

103

Testaufgaben

Name	Datum	Klasse

75. Ordnen Sie die **Klebetechniken** den Beschreibungen zu.

Kleistertechnik (Kleister wird auf die Rückseite der Tapete aufgetragen)	Die Tapeten werden mit Kleisterbürste oder Kleistergerät eingekleistert. Hier kann je nach Tapetenart der passende Kleister ausgewählt werden. Das gilt für alle Papiertapeten und diese benötigen dann eine Weichzeit von 5 bis 10 Minuten.
Wandklebetechnik (Kleister wird auf den Untergrund aufgetragen)	Der Vliestapetenkleister wird mit einer Kleisterwalze aufgetragen. Die trockenen Tapeten können sofort (ohne Weichzeit) in den noch feuchten Kleister eingelegt und angedrückt werden. Das gilt für formstabile Tapeten, wie Vliestapeten und manche Gewebetapeten

76. Kreuzen Sie richtig an.

Zu den zu behandelnden **Wandbekleidungen** gehören:

- ☐ Tapeten
- ☐ Raufasertapeten
- ☐ Glasfasergewebe
- ☐ Wandteppiche

77. Nennen Sie die acht **Tapetengruppen** nach der **Euro-Norm**.

_____

_____

78. Ordnen Sie die **Tapetensorten** den drei **Hauptgruppen** zu.

	Naturelltapeten
Papiertapeten	Kettfadentapeten
	Korktapeten
Textiltapeten	Fondtapeten
	Gewebetapeten
Naturwerkstoff-	Grastapeten
tapeten	Prägetapeten
	Echtholztapeten

79. Welche fünf Informationen gibt die **Anfertigungskennzeichnung** auf dem Beilegezettel der Tapetenrolle?

- _____
- _____
- _____
- _____
- _____

Name	Datum	Klasse

Testaufgaben

80. Welche **Bedeutung** haben die abgebildeten **Tapetensymbole**?

81. Welche Anforderungen werden an einen guten Bodenbelag gestellt?

- _____
- _____
- _____
- _____
- _____
- _____

82. Ordnen Sie die verschiedenen **Fußböden den passenden Arten** zu.

Korkboden

Nadelfilz   **Teppichböden**

Linoleum   **Elastische Bodenbeläge**

Kautschuk   **Parkettböden**

Fertigparkett   **Laminatböden**

Vinylboden

Paneeleboden

83. Beschreiben Sie den **Laminatboden**.

_____
_____

84. Ergänzen Sie die Tabelle zur **Untergrundprüfung vor Bodenverlegearbeiten**.

Prüfung auf:	Prüfmethoden
_____	Augenschein, Folienprobe, Feuchtigkeitsmessung mit einem Feuchtigkeitsmessgerät (Hydrometer)
Festigkeit und Tragfähigkeit	_____
_____	_____

Bildnachweis: Jouve Germany GmbH & Co. KG

© Westermann Gruppe

105

Testaufgaben

| Name | Datum | Klasse |

85. Benenne Sie die **Bodenlegewerkzeuge**.

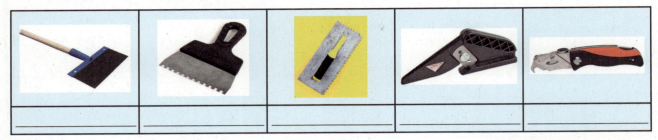

| ___ | ___ | ___ | ___ | ___ |

86. Beschreiben Sie die **Verwendung** eines **Fußbodenstrippers**.

_____

_____

Bildnachweis: Multistripper Vario, www.gulvmaskiner.dk

87. Die **Untergründe** sind nach dem folgenden Schema eingeteilt.

Setzen Sie die vorgegebenen Begriffe richtig ein.
Metalle, **organische**, **anorganische**, **Kunststoffe**, Natursteine, Eisen, Vollholz, PVC, Beton, Putz, Aluminium, Spanplatten, Plexiglas, Stahl, Hartfaserplatten, Styropor

```
                        Untergründe
          ┌─────────────────┴─────────────────┐
    _____                      _____
   ┌──────┬──────┐                    ┌──────┬──────┐
 mineralische                           Holz
```

88. Welche der aufgeführten Stoffe gehören zu den **anorganisch-mineralischen Untergründen**?

☐ Putz ☐ Beton

☐ Eisen ☐ Kalksandstein

☐ Kunststoff ☐ Holz

89. Ordnen Sie die **Anstrichuntergründe** richtig zu.

Jouve Germany GmbH & Co. KG

Verputzte Fassade

Stahltür

Holzverbretterung

Betonmauer

Kunststoffdachrinne

Gipskartonplatte

90. Ergänzen Sie den folgenden **Merksatz zur Untergrundprüfung**.

Anstrichuntergründe müssen sorgfältig _____ und vorbereitet werden. Das ist eine wichtige Voraussetzung für einen _____ Vor Beginn der eigentlichen _____ müssen alle _____ und Mängel fachgerecht beseitigt werden.

91. Ergänzen Sie zu den Untergrundeigenschaften die nötigen **Prüfverfahren**.

Haftfestigkeit und Tragfestigkeit	
Saugfähigkeit	
Sinterschicht	
Alkalität	

92. Welche **Eigenschaften** sollten **Grundanstrichstoffe** besitzen?

a) für poröse Untergründe: _____

b) für dichte Untergründe: _____

93. Setzen Sie die vorgegebenen **Eigenschaften der Baustoffe** sinnvoll in die Merksätze ein.

Saugvermögen, härter, poröser, alkalisch, frostbeständig

a) Je _____ ein Baustoff, umso heller klingt er.

b) Je _____ ein Baustoff, desto besser ist seine Wärmedämmfähigkeit.

c) Je poröser ein Baustoff, umso größer ist sein _____.

d) Feuchte Baustoffe sind nicht _____.

e) Kalkhaltige und zementhaltige Baustoffe sind _____.

Testaufgaben

| Name | Datum | Klasse |

94. Wie nennt man die offenen **Poren** eines porösen Stoffes?
_____

95. Ordnen Sie die Beispiele den Baustoffen zu.

Gebrannte Baustoffe

Gebundene Baustoffe

Mauerziegel
Kalksandsteine
Gasbetonsteine
Hohlblockziegel
Betonsteine

96. Kreuzen Sie die richtigen Aussagen über **Mörtel und Putze** an.

☐ Mauermörtel ist für mineralische Putze innen und außen.

☐ Trockenmörtel wird trocken vorgemischt zur Baustelle geliefert.

☐ Fertigmörtel wird verarbeitungsfertig auf die Baustelle geliefert.

☐ Putze sind auf Wände aufgebrachte, getrocknete Mörtelbeläge.

97. Ergänzen Sie das Schema über die **Zusammensetzung von Putzmörtel** mit den vorgegebenen Begriffen.

feiner oder grober Sand, Bindemittel, Anmachwasser, Kalk-, Zement- und Gipsmörtel

_____	⇨	Kalk, Zement, Gips
+		
Zuschlagstoffe	⇨	_____
+		
_____	⇨	sauberes Wasser
=		
Putzmörtel	⮕	_____

98. Ordnen Sie den **Mörtelgruppen** die Mörtelarten (Bindemittelarten) zu.

P I   Zementmörtel

P II   Kalkmörtel

P III   Gipsmörtel

P IV   Kalkzementmörtel

| Name | Datum | Klasse |

Testaufgaben

99. Schreiben Sie zu den Abbildungen die **Aufgaben der Putze**.

100. Ordnen Sie den **Rissarten** die artgleichen Risse zu.

    Risse der Putzoberfläche   Stoß-, Fugen- und Mauerwerksrisse

    Risse vom Putzträger aus   statische Risse, Einzel- und Setzrisse

    Baudynamische Risse   Haar und Netzrisse

101. Ordnen Sie die **Arbeitsschritte einer Kunststoffgewebearmierung** von 1 bis 8, indem Sie die Ziffern in die Kästchen schreiben.

☐	Risse ausfüllen	☐	Grundierung aufstreichen
☐	Risse keilförmig öffnen	☐	mit verdünntem Spachtel überstreichen
☐	Untergrund reinigen	☐	Spachtel auftragen und Gewebe einlegen
☐	statische Risse mit Streifen vorarmieren	☐	nach Durchtrocknung Schlussbeschichtung

102. Kreuzen Sie **mögliche Voranstrichstoffe** (Grundierungen) **auf Putzflächen** an.

        ☐   Dispersionsgrund

        ☐   Bläuegrund

        ☐   Tiefgrund lösemittelhaltig

        ☐   Fluate

        ☐   Haftprimer

        ☐   Silikatgrund

© Westermann Gruppe

Testaufgaben

| Name | Datum | Klasse |

103. Schreiben Sie die **Bestandteile einer Betonmischung** in die Tabelle.

Zusammensetzung der Betonmischung			
_____	_____	_____	_____
Zement	Kies, Splitt, Schotter, u. a.	sauberes Wasser	Dichtungsmittel, Erstarrungsbeschleuniger u. a.

104. Beschreiben Sie die **Betonarten**, je nach der **Dichte der Zuschlagstoffe**.

_____

105. Beschreiben Sie folgende **Betoneigenschaften**.

Eigenschaften	Beschreibung
Druck- und Zugfestigkeit	
Alkalität	

Bildnachweis: Jouve Germany GmbH & Co. KG

106. Ordnen Sie den **Betonschäden** ihre Ursachen zu.

Kiesnester (Lunker)	Schmutz und Feuchtigkeit
Risse	Öl auf Schaltafeln
Betonabsprengungen	zunehmende Neutralisation
Moos und Algen	mangelnde Einbettung der Zuschlagstoffe
Trennmittelrückstände	Qualitätsunterschied des Betons

107. Nummerieren Sie die fortschreitende **Betonzerstörung nach den Schadenstufen** von 1 bis 5.

	Durch Rosten ist die Stahlbewehrung weitgehend zerstört.
	Die Neutralisation hat die Stahlbewehrung erreicht, die Rostung beginnt.
	Durch die Volumenvergrößerung des Rostes wird die überdeckende Betonschicht abgesprengt.
	Kohlendioxid (CO_2) aus der Luft dringt in den Beton ein.
	Der Abbau der Alkalität ist in die Tiefe fortgeschritten.

Name	Datum	Klasse

Testaufgaben

108. Ergänzen Sie die folgenden **Merksätze**.

> **Alkalischer Beton** schützt den Stahl vor dem _____.
>
> **CO$_2$ und SO$_2$** verbinden sich mit _____ zu Säuren (saurer Regen).
>
> **Säuren** _____ den Beton (Karbonatisierung).
>
> **Das führt zur** _____ des Stahls (**Betonabsprengungen**).

109. Beschreiben Sie die hier dargestellten **Arbeitsschritte der Betoninstandsetzung**.

110. Welche **Materialien** sind **für die Betoninstandsetzung** notwendig?

_____ (organisch oder anorganisch)

_____ (zum Ausfüllen der Ausbruchstellen)

_____ (Egalisieren von Betonoberflächen)

_____ (farblos, lasierend, deckend oder Putz)

111. Welche **Materialien** sind **für die Betoninstandsetzung** notwendig?

Korrosionsschutz durch 2K-Epoxidharz (organisches System)	
Korrosionsschutz zementgebunden (mineralisches System)	

Bildnachweis: Deutsche Amphibolin-Werke

Testaufgaben

Name | Datum | Klasse

112. Durch welche **Beschichtungssysteme** kann Beton langfristig vor Alkalitätsverlust geschützt werden?

_____

113. Ordnen Sie die **Aufgaben** den Beschichtungen zu.

Farblose Anstriche   erhalten die Betonstruktur und schützen

Lasierende Anstriche   geben Farben und schützen

Deckende Anstriche   Imprägnierung, Sichtbetonwirkung

114. Kreuzen Sie die Bedeutung des Begriffes „**hydrophob**" an.

☐ wasserfest

☐ wasserabweisend

☐ feuchtigkeitsregulierend

115. Beschreiben Sie die beiden **Gipsarten**, die **für Gipsplatten** verwendet werden.

_____

_____

116. Nennen Sie die **Vorteile von Gipskartonplatten** (Trockenputz).

_____

_____

117. Ordnen Sie die **Gipsplattenarten** den Beschreibungen zu.

Gipsplatte A (GKB)   imprägnierte und grün gefärbte Platten

Gipsplatte H (GKBI)   Feuerschutzplatten glasfaserverstärkt

Gipsplatte F (GFK)   großformatige Standardplatten

118. Schreiben Sie zu den Abkürzungen die **Plattentypen** bzw. -arten.

Plattentypen nach DIN EN 520		Plattenarten nach DIN 18180	
A	_____	GKB	_____
DF	_____	GKF	_____
DFH2	_____	GKFI	_____
H2	_____	GKBI	_____
P	_____	GKP	_____

| Name | Datum | Klasse |

119. Benennen Sie die abgebildeten **Gipskartonkanten**.

[Kante 1]	_____
[Kante 2]	_____
[Kante 3]	_____
[Kante 4]	_____

120. Kreuzen Sie die **richtigen Aussagen über die Verarbeitung** der Gipskartonplatten an.

- ☐ Sie werden mit Cuttermesser oder Säge zugeschnitten.
- ☐ Sie werden mit Ansetzbinder auf sauberes Mauerwerk geklebt.
- ☐ Ansetzfugen und Schraubstellen werden nicht weiter bearbeitet.
- ☐ Gespachtelte Ansetzfugen müssen glatt geschliffen werden.
- ☐ Eine Vorbehandlung mit Tiefgrund bringt gleichmäßiges Saugen.
- ☐ Ein unterschiedlich saugender Untergrund ist erwünscht.

121. Welche **Beschichtungsstoffe** sind auf Gipskartonplatten nicht geeignet?
_____

122. Ergänzen Sie die **Materialien der Trockenbauwände**.

- UW-Profile _____
- CW-Profile _____
- Gipsplatten _____
- Dämmmaterial _____

Testaufgaben

Name | Datum | Klasse

123. Schreiben Sie die **Materialien, Werkzeuge und Geräte** zu den Abbildungen.

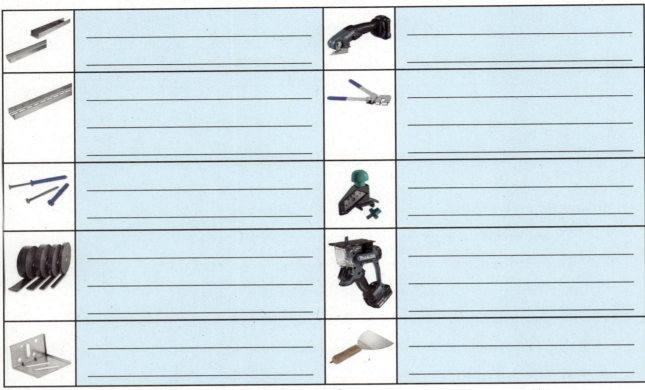

Bildnachweis: Knauf Gips KG | Makita Werkzeug GmbH 114.2, 114.9 | wolfcraft GmbH 114.7

124. Ordnen Sie den **Qualitätsstufen** die Verspachtelungsarten zu.

Qualitätsstufe 1   Standardverspachtelung

Qualitätsstufe 2   Sonderverspachtelung

Qualitätsstufe 3   Grundverspachtelung

Qualitätsstufe 4   Vollverspachtelung

125. Ergänzen Sie den folgenden Merksatz:

> Bei der _____ von Gipsplatten ist in der Regel eine Grund- und eine Schlussbeschichtung aufzubringen. Bei _____ kann eventuell die _____ entfallen bei entsprechendem Ergebnis der Untergrundprüfung. Gespachtelte _____ müssen immer grundiert werden.

126. Kreuzen Sie an, was zur **energetischen Sanierung von Gebäuden** gehört.

☐ Modernisierung zur Verringerung des Energieverbrauches

☐ optische bauliche Veränderungen zur Verschönerung des Gebäudes

☐ Wärmedämmmaßnahmen der Außenwände, der Kellerdecke und des Daches

☐ Austausch alter undichter Fenster und der Einbau einer neuen Heizung

☐ Modernisierung der Wohnung wegen unmodernen Fußböden und Fliesen

| Name | Datum | Klasse |

Testaufgaben

127. Nennen Sie **weitere Gründe für eine Wärmedämmung**.
_____
_____

128. Schreiben Sie sechs **Wärmedämmstoffe** auf.
_____
_____

129. Ergänzen Sie folgende **Merksätze**.

> Stoffe mit vielen Hohlräumen sind _____ Wärmeleiter aber gute _____.
>
> Je _____ ein Stoff, desto besser ist die Wärmedämmung.

130. Kreuzen Sie die **Vorteile der Außendämmung** an.

☐ dämmt das gesamte Gebäude

☐ der Taupunkt (0 °C) liegt in der Wand

☐ die Wände werden aufgeheizt und wirken als Wärmespeicher

☐ langsames Aufheizen und Auskühlen

☐ schnelles Aufwärmen und Abkühlen der Räume

☐ gesundes Wohnklima durch trockene Wände

131. Ordnen Sie den beiden **Wärmedämmsystemen** ihre Eigenschaften zu.

vollmineralisch und nicht brennbar

Organische Systeme   nicht lösemittelbeständig

hitzeempfindlich und verformbar

Anorganische Systeme   nicht hitzeempfindlich

gut atmungsaktiv (diffusionsfähig)

132. Beschreiben Sie die beiden **Befestigungsarten** anhand der Zeichnungen.

_____
_____
_____

_____
_____
_____

Bildnachweis: Jouve Germany GmbH & Co. KG

Testaufgaben

Name	Datum	Klasse

133. Erklären Sie das **Anbringen der Dämmplatten im Verbund**.

_____

134. Benennen Sie die **Schichten eines Wärmedämmverbundsystems**.

_____

_____

_____

_____

_____

135. Beschreiben Sie, was ein **Brandschutzriegel** beim WDVS ist.

_____

_____

136. Ergänzen Sie folgenden **Merksatz** über die **Dämmplattenarten**.

_____ sind im Gegensatz zu mineralischen Dämmplatten _____ und dürfen gemäß Musterbauordnung für Gebäude bis _____ eingesetzt werden. Für Neubauten sind in einer Höhe von 7 bis 22 Meter _____ (Brandriegel) erforderlich.

137. a) Nennen Sie vier verschiedene Metalluntergründe.

_____

b) Unterscheiden Sie und schreiben Sie ein „L" für **Leichtmetalle** und ein „S" für **Schwermetalle** in die Kästchen!

☐ Magnesium ☐ Blei
☐ Aluminium ☐ Stahl
☐ Kupfer   ☐ Titan
☐ Eisen   ☐ Zink

138. Schreiben Sie den **Unterschied** zwischen **Eisen- und Nichteisenmetallen** in die Tabelle.

Eisenmetalle z. B. Eisen, Stahl, Gusseisen	
Nichteisenmetalle z. B. Aluminium, Blei, Kupfer, Zink, Zinn	

| Name | Datum | Klasse |

Testaufgaben

139. Unterscheiden Sie zwischen **Metallen** und **Legierungen** und ordnen Sie richtig zu.

    Eisen

    Edelstahl   **Metall**

    Kupfer

    Messing   **Legierung**

    Bronze

140. Nennen Sie anhand der Spannungsreihe je drei **edle und unedle Metalle**.

    _____

    _____

141. Benennen und beschreiben Sie die **vier Korrosionsarten** nach den Abbildungen.

Korrosionsarten	Beschreibung

142. Beschreiben Sie die **Korrosion** von Eisenmetallen.

    _____

    _____

Bildnachweis: Jouve Germany GmbH & Co. KG

Testaufgaben

Name	Datum	Klasse

143. a) Welches ist **das wirkungsvollste Entrostungsverfahren**?

☐ Handverfahren

☐ Strahlentrostung

☐ Maschinenentrostung

b) Das Ergebnis ist ein porentiefes Entfernen von Rost und Altanstrichen.

Dieser **Entrostungsgrad** Nr. 3 wird _____ genannt.

144. Beschreiben Sie **Oberflächenvorbereitungsgrade** (Normreinheitsgrade).

_____

_____

_____

145. a) Nennen Sie die Schichten der beiden **Korrosionsschutz-Beschichtungssysteme**.

herkömmlicher Anstrich	Aufgaben	Dickschichtanstrich
	Schutz vor Umwelteinwirkungen	
	Schutz des Untergrundes	
Stahluntergrund		Stahluntergrund

b) Ein kompletter Korrosionsschutzanstrich muss _____ µm stark sein.

146. Warum sind **NE-Metalle** oft schwierige Untergründe?

_____

147. a) Beschreiben Sie die **Vorarbeiten** für die Beschichtung von Zink und verzinkten Bauteilen.

Beschreibung der Netzmittelwäsche	Zusammensetzung des Reinigungsmittels

b) Nennen Sie **geeignete Beschichtungssysteme** für Zinkuntergründe.

_____

_____

148. Nennen Sie **sechs verschiedene Holzuntergründe**.
_____

149. Wie heißen die abgebildeten **Holzarten**?

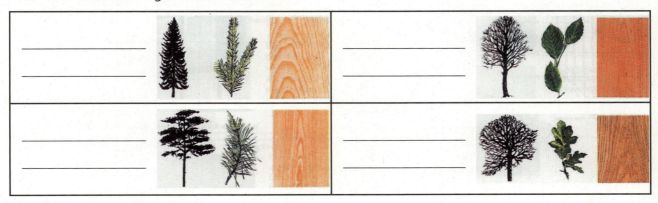

150. a) Nennen Sie **vier einheimische Holzarten**.
_____
_____

b) Unterscheiden Sie und schreiben Sie ein „L" für **Laubbäume** und ein „N" **Nadelbäume** in die Kästchen.

☐ Pappel   ☐ Erle
☐ Kiefer   ☐ Lärche
☐ Nussbaum ☐ Esche
☐ Linde   ☐ Limba

151. Ergänzen Sie dieses **Aufbauschema eines Baumstammes**.

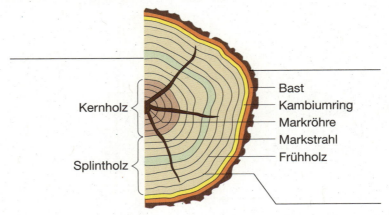

152. Benennen Sie die **Holzbestandteile** oder ihre Aufgaben.

a) _____ bildet das Holzgefüge.

b) **Lignin** _____.

c) _____ beeinflussen die Holzeigenschaften.

Testaufgaben

Name _____ Datum _____ Klasse _____

153. a) Beschreiben Sie folgende **Holzzustände**.

Quellen	_____
Schwinden	_____

b) Wie bezeichnet man das **Quellen und Schwinden** des Holzes?
_____

154. Tragen Sie die zulässige **Holzfeuchtigkeit** in Prozent in die Tabelle ein.

Beschichtungen im Außenbereich	– Nadelholz bis max. _____ – Laubholz bis max. _____ – Tropenholz bis max. _____	– maßhaltiges Holz _____ – nicht / begrenzt maßhaltig _____
Beschichtungen im Innenbereich	– Alle Holzarten zwischen _____	

155. Nennen Sie **Kunststoffuntergründe** am Bau, die Maler/-innen beschichten.
_____
_____

156. Ergänzen Sie die **Tabelle** über die Kunststoffarten.

Arten			
Bezeichnung	_____	_____	_____
Eigenschaften	_____	hart und spröde, nicht verformbar, nicht schmelz- und schweißbar, temperaturbeständig	_____

Name		Datum	Klasse

Testaufgaben

157. Ordnen Sie den Kunststoffnamen ihre Abkürzung zu.

    Polyester   PS

    Polyurethan   EP

    Polystyrol   UP

    Epoxidharz   PVC

    Polyvinylchlorid   PUR

158. Schreiben Sie einige **Kunststoffe** auf, die **nicht überstreichbar** sind.

    _____

    _____

159. Kreuzen Sie typische **Mängel bei Kunststoffen** an.

    ☐ versprödete Oberfläche

    ☐ Weichmacherwanderung an die Oberfläche

    ☐ Vertiefungen und Lunkerstellen

    ☐ offene Poren und Kapillare

    ☐ Formtrennmittel wie Silicone und Wachse

160. Beschreiben Sie einen **Glasfaserkunststoff**.

    _____

    _____

161. Kreuzen Sie die richtigen Aussagen über **Kunststoffuntergrundprüfungen** an.

    ☐ Verschmutzungen an Kunststoffen lassen sich mit dem Auge erkennen.

    ☐ Verwitterungen werden mit dem Auge oder durch Abreiben mit der Hand festgestellt.

    ☐ Bei Verwitterungen wird eine Gitterschnittprobe angewendet.

    ☐ Fette, Öle und Trennmittel lassen sich mit einer Benetzungsprobe erkennen.

    ☐ Tragfähigkeit von Altbeschichtungen ist mit Kratzprobe und Klebebandtest zu prüfen.

162. Welche **Vorarbeit** ist vor einer Kunststoffbeschichtung sehr wichtig?

    _____

    _____

163. Ordnen Sie den **Anstrichschichten** die **Anstrichstoffe** zu.

    Grundanstrich   Kunstharz- oder Dispersionslack

    Zwischenanstrich   Spezialgrund oder -vorlack

    Schlussanstrich   1- oder 2K-Spezialhaftgrund

© Westermann Gruppe